授業で育てる
「深い学び」に誘う教室づくり
学級経営

宍戸寛昌・柳沼孝一
髙橋正英・上野　良

明治図書

はじめに

ある国語科の時間のこと、学習発表会に向けて、自分たちがどのような練習をしているのかを家の人に紹介することになりました。グループに分かれて話し合いを始めたのですが、Ｇくんの班はなかなか意見が出せず、司会のＦさんをはじめみんなが困っていました。助け舟を出す機をうかがっていると、司会のＦさんがゆっくりとＧくんに語りかけ始めます。

「じゃあ、みんなの後に発表してね」（Ｇくんうなずくも、みんなの後にも言えず）
「みんなの意見に賛成反対を言うのでもいいよ」（うつむいて固まるＧくん）
「では、黒板に書いてあることを真似したら？」（猛烈な勢いでノートに書くＧくん）
早く話し合いを進めなければという焦りもあったはずですが、Ｆさんはあくまでくんの困り感に寄り添い、優しく声をかけていました。その姿に胸を打たれた私は、Ｆさんの言葉を学級全体に紹介した後、次のように全員に伝えました。

「話し合いを上手に素早く進める司会も確かにすごいと思うけれど、優しく気配りをしながら進められるＦさんのような人が司会だと、いいよね」

その後の話し合いは、明らかに雰囲気が変わりました。学級全体が、やわらかく、相手を受け止めるような空気に包まれていったのです。

私たち学級担任は、今日より少しでもよい授業をしたいと、日々研鑽を重ねています。同時に、少しでもよい学級にしようと、子どもたちの心に働きかけてもいます。

では、よい授業とよい学級とは、どのような関係にあるのでしょうか。

思えば、これまでにたくさんの先生からそれぞれの考える授業と学級経営のとらえを聞いてきました。

「授業さえうまくできていれば、学級なんてほうっておいてもうまくいくよ」

「授業と学級経営は車の両輪だ。それぞれ別のものとしてがんばらないと」

「学級経営ができていれば、力がなくても授業はなんとかなります」

みなさんは、どの言葉に賛同されますか？

「〜さえすれば」とわかりやすい言葉にすることで、授業と学級経営をつなぐ大切な部分が抜け落ちてしまうように思いませんか？

教科の「深い学び」へ向かうためには、友だちとの温かい関係性が必要ですし、温かい関係を築くためには、一人ひとりが主体的に学び、認め合えるような授業が必要です。ですから、私たちは、**それぞれの教科の本質へと向かう授業の中でこそ、学級経営ができるのではないかと提案します。**

この本では、「こうしたら学級がさらによくなったよ」という授業の事例と、そのための教師の手立てについてまとめています。また、国語、社会、算数、理科の4教科の視点をもって、「この時期であれば」「こういう実態の子どもがいたら」「こういった場面ならば」といった状況に応じた9つの切り口（章構成）で書いています。これにより、例えば4月の授業で気をつけたいことを、4つの教科それぞれの視点で知ることができるようになっています。

4人の筆者がそれぞれの教科の視点から書いているとはいえ、大切にしていることは同じです。それは、**一人ひとりの子どもが安心して自分の意思を表せる、互いの存在を大切**

にして認め合える学級をつくることです。

小学校の担任はほとんどの教科を1人で指導しなければなりません。当然、教科を超えて貫く学級づくりの方法をもっておくことは必要でしょう。

しかし、その教科の学びだからこそできる学級づくりの方法を知ることで、さらに指導の幅が広がるはずです。

「この教材のよさを生かして、もっともっと楽しい学級にするぞ」と思ってくださる先生が1人でも増えるのであれば、望外の喜びです。ですから、声を大にして言います。

「温かい学級は、よりよい授業をつくろうとする過程ではぐくまれます」

2019年1月

宍戸　寛昌

目次

2章 学級経営の基盤となる「4月の授業づくり」で大切にしたいこと

3章 教室の「気になるあの子」を輝かせるために

4章

「話し合い」で子どもをつなげる

5章

「板書」で子どもをつなげる

6章 「教材」を生かして教室に温かい雰囲気をつくる

7章 「学びの軌跡」を生かして成長を認め合う

8章

「日常生活」で見取った子どものよさを生かす

9章

授業の充実で「家庭」とつながる

1
章

「授業開き」で共に学ぶ楽しさを伝える

ゲームと音読で、言葉でつながり合う楽しさを味わわせる

国語

国語科教室開きに欠かせない要素

毎年「今年の国語の授業って楽しそう」と子どもが思うような授業開きを計画します。国語科の授業で学級づくりを意識するのであれば「この仲間とする国語の授業って楽しそう」と思わせたいものです。そのためには、国語科の基本が詰まっているだけでなく、**「一人ひとりが楽しいと思える」「学級全体に一体感がある」**という2つの要素が大切です。

そのことを踏まえて、ここでは、アイスブレイクから入り、詩の一斉読につなげるような言語活動を紹介します。

ゲームのよさを生かして、共に学ぶ雰囲気をつくる

授業の後半に読む詩につなげる「たんぽぽ入れ替えゲーム」をします。

これは「た・ん・ぽ・ぽ」の4文字を自由に入れ替え、「ぽ・た・ん・ぽ」や「た・ぽ・ぽ・ん」のように、リズムにのって1人ずつ発表するゲームです。

ゲーム形式にすると次のようなよさが生まれます。

❶トライ・アンド・エラーが手軽にできる

C1　ポ・タ・ン・ポ。
C2　ポ・ン・ポ・タ。
C3　ポ・タ・タ・あれ？
C　あー（残念そうな声）。
T　ルールを1つ言い忘れてました。だれかが失敗したら「ヒュー」と言い、ムンクの叫びのポーズをとります。そして、すぐに「せえの」と言ってあげよう。
C3　ポ・タ…
C　ヒュー！　せえの！
C3　ポ・タ・ポ・ン！

失敗しても友だちがリアクションしてくれて、すぐにやり直せる経験を何度か繰り返す間に、「みんなの前で間違えるなんて大したことはない」と思えるようになっていきます。

❷双方向性（インタラクション）がある

T　またまたルールを1つ言い忘れていました。友だちが言った言葉は、必ずみんなで繰り返しましょう。せえの！（手拍子をつけながら）

C4　ポ・ポ・タ・ン（ポ・ポ・タ・ン！）

C5　ン・タ・ポ・ポ（ン・タ・ポ・ポ！）

みんなが反応してくれるので、順番を楽しみに待つようになります。

テンポのよい音読で全員を学びのペースにのせる

様々なたんぽぽの亜種が生まれたところで、川崎洋「たんぽぽ」の一斉読をします。全員に一体感をもたせるため、「おーい、○○○○」の部分を取り出して読ませます。

ここで大きく一体感のある声を出させるため、2つの方策を用意しておきます。

1つは、**声が遠くに飛ぶイメージを手の動きで示す**ことです。「おーい」で大きく口を開けながら、アーチを描くように大きく手を広げます。子どもは教師の手に合わせて口を広げ、大きく声を伸ばすでしょう。

もう1つは、**声が遠くに飛んでいるイメージを像として伝えてあげる**ことです。

「あ～あ、今のは川の手前に落ちちゃったな」

「おしい。川の真ん中まで行ったよ」

「おおっ、すごい。川を越えて山の向こうまで飛んでいったよ」

こうして、全員が一体となって声を合わせる気持ちよさを体験させたら、「がんばれマーチ」（阪田寛夫）や「はやくちことばのうた」（藤田圭雄）、教科書の巻頭詩などをどんどん音読させていきます。子どもは声を出すのがどんどん楽しくなってくるはずです。

このような国語科教室開きを進めていくと、その過程で「まわりの雰囲気に乗り切れない」「授業のルールが守れていない」「こそこそ話をする」といった子どもの姿も見えてきます。教室開きはそのまま次の授業への課題につながっていくのです。

学級経営に生きる授業づくりのポイント

ゲームや音読を意図的に使い、言葉でつながり合う楽しさを味わわせよう。

教室を「ホッ」との笑いでいっぱいにする

「1時間で1回も笑いのない授業をした教師は逮捕する」

有田和正先生の名言です。授業に笑いがあると、教室中が温かさに包まれます。また、学級の一体感も生まれます。笑いは子どもと教師、子どもたち同士をつなぐとても大切な媒介といってよいでしょう。

しかし、笑いの質を間違えると、とんでもない事態に陥ります。いじめや学級崩壊です。ですから、教室は「ホッ」との笑いでいっぱいにしたいものです。「ホッ」との笑いとは、**「よかった」と微笑むことや「なるほど！」と気づきの瞬間に生まれる笑い**のことです。

教室を安心感や共感が包み込みます。一方、「ドッ」との笑いは、バカにしたり蔑んだりするときに発せられる笑いです。相手を責めたり追い込んだりすることになりかねません。

授業開きだからこそ、「ホッ」との笑いの心地よさを子どもと教師が共に感じながら、温かい学級づくりへの一歩を踏み出しませんか。

社会

子ども一人ひとりから「ホッ」との笑いを引き出す

3年生のはじめての社会の授業で、通学路で目にする「消火栓」の写真を提示します。

K　あっ、わかる。校門を出たところにある。

S　そうそう、私も知っている。

やがて教室は、「ぼくも」「私も」と、にぎやかになってきます。少し様子を見た後に、「まわりをよく見ているKくんとSさん、すばらしいね！」

と、はじめに発言したKくんとSさんをほめました。

ほめ方にはコツがあります。発言内容（校門を出たところ）ではなく、そのように答えたKくんとSさん自身をほめるのです。「ネクタイがすてきだね」ではなく、「Aさんにそのネクタイはお似合いですね」とほめるのと同じで、**ほめる視点を人に置く**のです。

KくんとSさんからは「ホッ」との微笑みがこぼれました。しかしどうでしょう。まわりからは「ぼくも知っていた」「私も」という不満の声が上がります。

そこで、学級のみんなが知っていたことを認めた後に、

「Dさんすばらしい。Tくんもすばらしい。Hくんもすばらしい…」

と、**子ども一人ひとりの名前を呼び、顔を合わせて、間を取りながら全員をほめます。**不満げだった子どもたちの顔に「ホッ」との微笑みが生まれます。これが、教師との信頼関係を築いていく第一歩になるはずです。

教室から「ドッ」との笑いをなくす

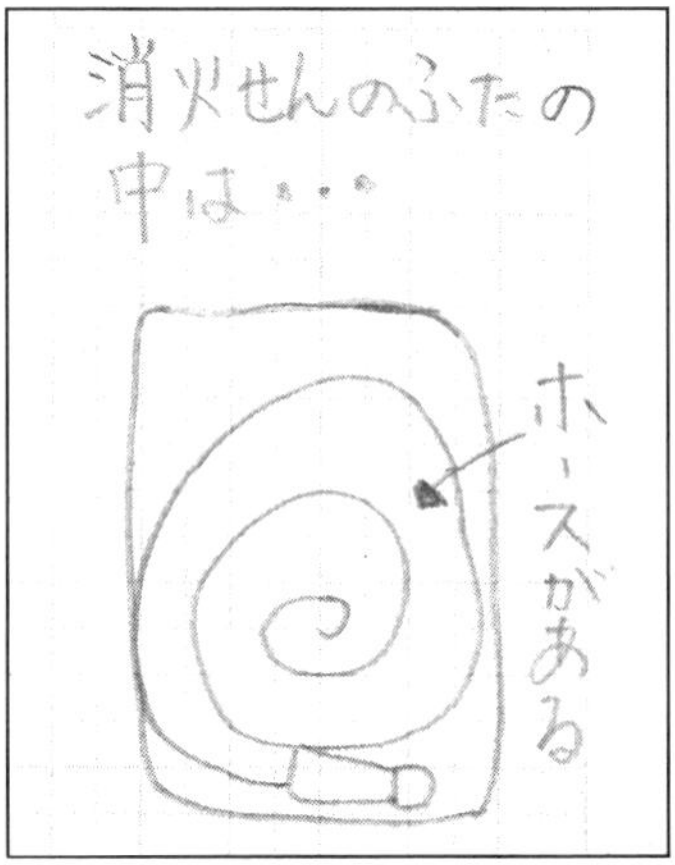

T　消火栓の蓋の中はどうなっていると思う？　見えないところは予想してみようか。

（3分程度考える時間をとる）

B　長いホースがまるまっていると思うな。

U　消防自動車についているホースのこと？

B　そうそう。（ホッとの笑い）

T　Bくんの気持ちがわかるUさんすばらしい。

F　ぼくは、プールになっていると思うな。

Fくんの発言後に、ニヤリと笑ったり噴き出したりしている子どもの姿が見られました（「ドッ」との笑い）。「今の笑いは許せない」と教師の顔が厳しくなった瞬間、教室に張り詰めた空気が流れます。**授業開きで「ドッ」との笑いを絶対に見逃してはいけない**のです。

「Fくんがプールになっていると言った気持ちがわかる人はいますか?」

「わかるよ。だって、火事にはたくさんの水が必要だからでしょ」

「そうだよ。道の中の方が邪魔にならないしね」

次々とFくんの気持ちをわかろうとする発言が出ましたが、Fくんは途中で涙ぐんでしまいました。バカにされたという悔しさとみんなの温かさに対するうれしさが入り混じった気持ちだったのでしょう。

ここで子どもたちに「ホッ」との笑いと「ドッ」との笑いの違いを語って聞かせます。

「友だちの気持ちがわかる『ホッ』との笑いで教室をいっぱいにしよう」

一人ひとりが「ホッ」の笑顔になっていることを見て取って最初の授業を閉じました。

学級経営に生きる授業づくりのポイント

友だちの思いや考えをわかろうとする共感的な発言を引き出していこう。

学び合いを通して、深い学びを味わわせる

算数

わかりやすさとおもしろさ

新年度になり、期待と不安が入り混じった子どもたちと行う最初の算数授業は、「今年は（今年も）がんばろう！」という思いを高めるものにしたいものです。ですから、教材は、**どの子も安心できる「わかりやすさ」と楽しく取り組める「おもしろさ」があるもの**を選ぶとよいでしょう。

例として、４年生の算数科授業開きの様子を紹介します。

授業のテーマは「おもしろい計算をしよう」。

「みんなは、かけ算の筆算はできるの？」

「うん、できるよ」

新しい内容を期待していた子どもたちには少々拍子抜けかもしれませんが、そんな子ど

Ⓐ

		3	4
	×	3	$_{2}$6
	2	0	4
1	0	2	
1	2	2	4

Ⓑ

		5	2
	×	5	8
	4	1	6
2	6	0	
3	0	1	6

もたちにも学びを深める授業のおもしろさを味わってほしいと思っています。

1つめの問題は34×36。教師は「集中して計算に取り組む子どもの姿」「計算が正確にできていること」「字の丁寧さ」などをほめながら教室を歩きます。代表の子どもが板書しているときには、「みんなの前で堂々と発表する姿」「それをしっかり見ている姿」をほめていくとよいでしょう。

また、クラス替えで学びの文化やルールが入り混じる時期です。そこで、位をそろえて計算することや、繰り上がりの印のつけ方（どこでもよいこと）などを確認してもよいかもしれません。

より深い学びを楽しむ展開に

3問目で授業に「転」をつくります。かけられる数「79」を書いた後、

「何をかけるか、わかる人？」

と発問します。

「筆算は答えを求める計算の手段」としか考えていなかった子どもには、驚きの質問でしょう。ここから明らかに子どもの表情も変わってきます。

普段の授業では、できるだけ多くの子どもに「見えてきた！」という感動を味わわせたいため、少しずつ秘密のベールをはがしていくのですが、ここはあえて、「かける数」が見えた子どもに発表させました。

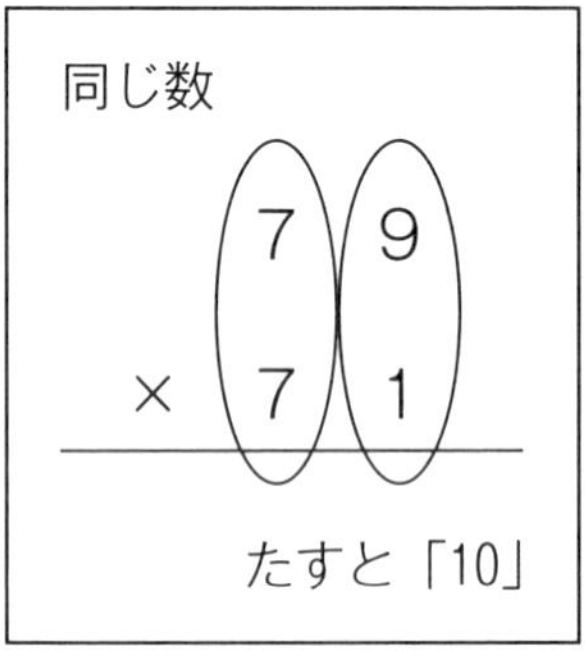

K　71だと思います…。

T　すごい！　よくわかったね。

C　えっ、なんでわかったの？

K　十の位が同じでしょ。一の位は…。

C　そうか、たすと10になる。Kさん、すごいね！

教室に生き生きとした空気が広がってきたところで、さらに学びを深める発問をしていきます。

T　他におもしろいところを見つけた人はいますか？

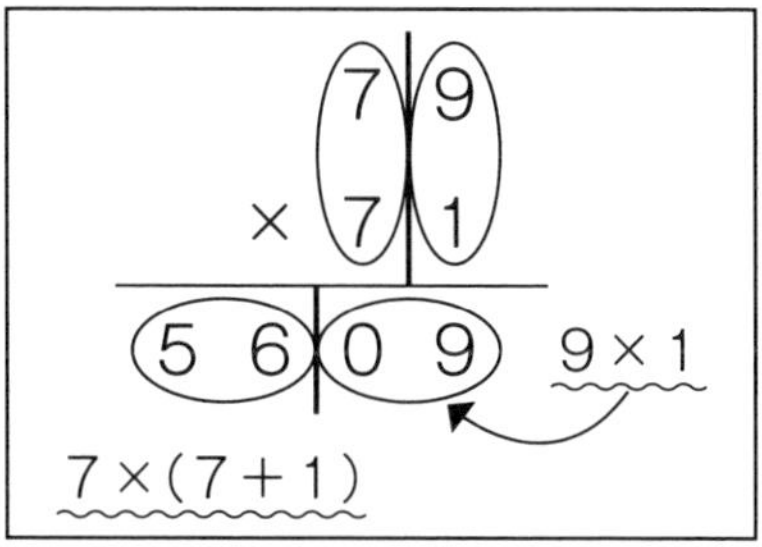

W　先生、答えもおもしろいよ。一の位の積がね…。
C　あっ、本当だ！　十の位は1をたしてからかけ算すれば…。
C　いつもできるのかな。これなら計算しなくても…。
C　十の位の「＋1」は一の位の10が繰り上がったからかな…。

子どもたちは答えを求めることではなく「帰納的にきまりを見つける学び」や「演繹的に理由を探る学び」を味わいました。

「先生、今日の授業あっという間だったよ」

「Wさんてすごいね」

「家で家族にこの問題出してみたいな！」

共に学ぶ楽しさが広がり、明日からがさらに楽しみになったところで授業を終えます。

学級経営に生きる授業づくりのポイント
学び合いを通して、「見方・考え方」を働かせる深い学びを味わわせよう。

理科

意見をつなげて学級全員で新たな発見を喜び合う

全員で新たな発見を喜び合う雰囲気に

3年生になってはじめて理科に出合う子どもは、どんなことを学ぶのか興味津々で最初の授業を迎えます。

実験や観察活動への期待も高く、あらかじめ教科書を読んで想像をふくらませる子どももいるでしょう。

そのようなワクワクに応える授業開きにするために、**まずは子どもの「なぜ？」「どうして？」という問いを生み出す教材や発問を厳選して用意することが必要**です。そして、1年間を共に学ぶ仲間たちと、様々な意見をやりとりするおもしろさや、新しいことに気づくおもしろさを分かち合う時間にしたいものです。科学的な事実や知識を基にした新たな発見の喜びと共有は、理科ならではのものなのですから。

「くらべっこ」から「そういうことか」につなげる

授業の開始とともに、野菜や果物が混じった写真をバラバラに提示します。

「あっ、キュウリだ」

「トマト!　昨日食べた」

「カボチャは硬いけど、煮るとやわらかくなるね」

子どもから出た意見には、感心したり、称賛したりしながら、写真の下に記録していきます。

ある程度意見が出尽くした時点で、次のように問いかけます。

「この中で、どれが「野菜」で、どれが「果物」でしょう」
C　甘いものが果物じゃないかな。イチゴとかリンゴとか。
C　そうそう。それから、丸いものは果物だよ。ブドウやミカン。
R　レモンはどうなるの?　丸くて酸っぱいよ。
C　それならスイカは甘いけど、野菜だって聞いたことがある。
C　ああっ、難しい。葉っぱのものなら野菜に違いないのに。

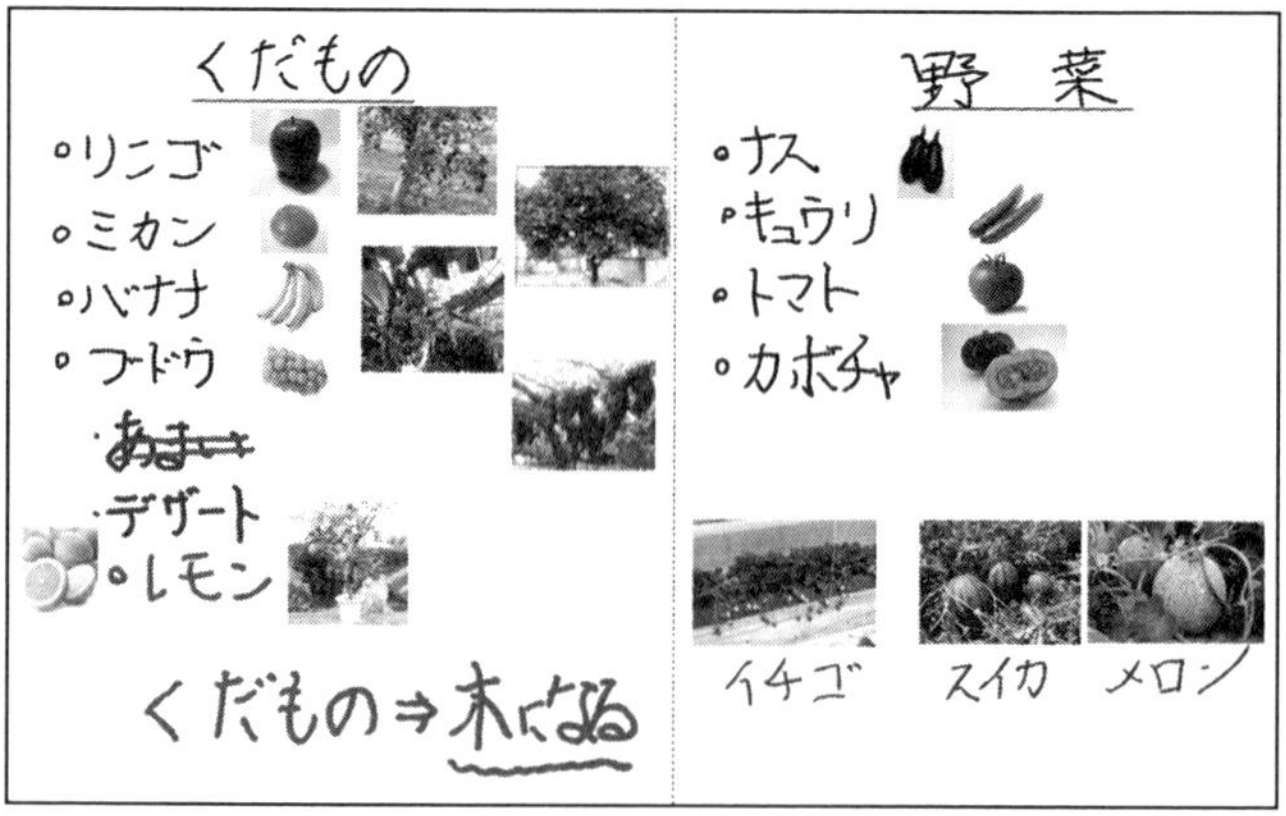

それぞれの既有知識や生活体験により、意見の「ずれ」が生まれます。これこそが、子どもたちの「本当はどうなんだろう」と追究するスタートになります。このエネルギーを生かして、グループごとに果物と野菜の仲間分けをさせます。

話し合いができたら、それぞれのグループの仲間分けの結果を発表させます。それぞれの発表を通して、学級全員が納得できたものについては、野菜か果物かを分類して、板書します。

ひと通り発表が終わったら、分類できた果物を見て、共通することは何かを考えさせます。

C　果物は甘いからデザートに食べるよね。

C　野菜は緑色でサラダにぴったりだよ。

全体の意見は固まりつつあったのですが、ずっと悩んでいたRくんのひと言によって、また議論が再燃します。

R　あのさ、レモンはどうなの？　甘くないし、緑でもないし、サラダにもデザートにも入ってないいんだよ。仲間外れじゃない！

C　確かにどっちだろう…。

C　サラダに入れるときもあるし…。

C　レモンケーキはデザートだよね。

たくさんの意見が出る中で、子どもは自分たちの仲間分けの仕方では説明できないことに気づいていきます。

「どう分ければいいの？」という子どもの議論を聞きながら、教師は笑顔でレモンが木になっている写真を示します。

「ん？」という表情を浮かべる子どもたち。

さらに、リンゴの木の写真を提示すると、

「あっ！」

「わかった！」

という声が上がります。

T　どういうこと？

C　あのね、レモンもリンゴも木になるでしょ。だから…。

C　だったら、ブドウも…。

C　ということは、スイカは…。

きまりが見えてきた子どもたちは、次々に発見をふくらませていきました。

理科のおもしろさの１つである発見や発明の喜び。

それは、このような**友だちの意見との数珠つなぎの中で生まれます**。授業開きで共に新たなものの見方を発見する喜びを味わわせることは、明るい学級の雰囲気をつくることにつながっていくはずです。

学級経営に生きる授業づくりのポイント

全員で考えて、発見の喜びを共有することを、楽しみにつなげよう。

2
章

学級経営の基盤となる「４月の授業づくり」で大切にしたいこと

国語

「聞くこと7割、話すこと3割」で相手の言葉を受け止め合う

4月の学びはスタンダードづくり

4月は1年間の授業と学級経営の基礎固めをする大切な時期です。4月に指導したことは、そのまま1年間継続して守り続けるスタンダードになります。だからこそ、**教師が一番大切だと思うことに絞りきることが必要**です。

筆者が国語科の授業で最も大切にしたいのは、言葉とそれを発する人の存在そのものです。そして、これは学級経営で大切にしたいことでもあります。ですから、4月の授業では、友だちの意見を聞いたときに、まず「そうだね」と受け止められる、肯定的な雰囲気の教室になるよう繰り返し指導を続けるようにしています。

やわらかく受け止める3つの構え

どの学級にも、必ず数人「聞き上手」な子どもがいます。じっとしているだけでなく、様々な反応を返しながら聞く姿は、話す側に大きな勇気を与えてくれます。

以前、そういった子どもに共通する態度にどのようなものがあるかをじっくり見つめたことがあります。その結果、**「うなずき」「あいづち」「リアクション」**という3つの受容的な構えをもち、常に真剣なまなざしで話者に向き合うというポイントが見つかりました。

特に4月は、この3つのポイントを繰り返し指導します。音読をするときは必ず聴き合う場面を設け、意見を発表し合うときは聞き手の側を向くよう呼びかけます。

そして、次のような言葉で聞き手のよさを称賛し、まわりの子どものモデルにするのです。

「○○さんがずっとうなずきながら聞いていたよ。真剣な気持ちが表れているね」

「○○くんに『うんうん』ってあいづちを打ってもらってどんな気持ちになった？」

「今の○○さんの『えーっ』っていう驚きを聞くと、発表してよかったと思うよね」

対等・平等な環境をつくる

国語科は言葉の力をはぐくむ学習だからこそ、教師自らが言葉の扱いに意識的でなければなりません。

4月は、次の2つの視点から子どもたちの言葉を対等・平等に扱うよう気をつけています。

❶話を途中でさえぎらない

4月の「話す・聞く」活動では、言葉のキャッチボールを強く意識させたいものです。ですから、教師や友だちが話しているときに、途中で止めてしまうようなつぶやきや動きがあれば、見逃さずに指導をしなければなりません。黙ってじっとその子の顔を見ていれば、自分の言動がまわりの迷惑になっていたことに気づきます。また、

「今は○○さんの話す時間だから、終わった後に手をあげて、指名されてから話しましょう」


ときちんとした理由と、正しい行動の見通しをもたせることも必要です。

もちろん、教師も、いつも子どもの発言を大切にする構えを示すことを忘れてはなりません。

❷発言・活躍の場を均等にする

4月の国語科の授業では、たくさん音読させたり、意見を言わせたりして、すべての子どもが表現する機会を増やしたいものです。しかし、挙手した子どもを指して答えさせる授業が続くと「自分は何もしなくてもよい」と考えるお客様意識の子どもが出てきます。

そこで、1列全員に答えさせたり、日付と同じ番号の子どもを指したりする**ランダムな指名と意図的指名を組み合わせて、多くの子どもに話す機会を与えます。**そうして数名に意見を言わせた後、それでも言いたいと挙手をする子どもには意見を言わせるとよいでしょう。

4月は、「聞くこと7割、話すこと3割」で、めりはりをつけた指導をすることが、言葉の力を伸ばしつつ学級を温かい雰囲気にするコツです。

学級経営に生きる授業づくりのポイント

受容的に話を聞いてもらえる気持ちよさを味わわせよう。

「はてな?」で教室を活気づける

授業開きで一緒に学ぶ楽しさを味わった子どもたちは、これからの授業への期待感を高めているはずです。4月の授業ではさらに「はてな?」を発見する楽しさや「ゆさぶり」で追究する喜びを味わわせることで、活気ある学級をつくっていきましょう。

「はてな?」を引き出す教材づくり

「はてな?」は、**問題解決的な学習の根幹となる問い**のことです。子どもたちから「はてな?」を引き出す授業のカギは、教材づくりです。子どもの関心から出る「はてな?」を待つだけでなく、教師が意図する「はてな?」を教材に仕組んでおくのです。そのためのポイントは**「隠す」**です。

3年生「学校のまわりの様子」では、主な建物を隠しておくことで地域の特徴の説明へと導きます。

社会

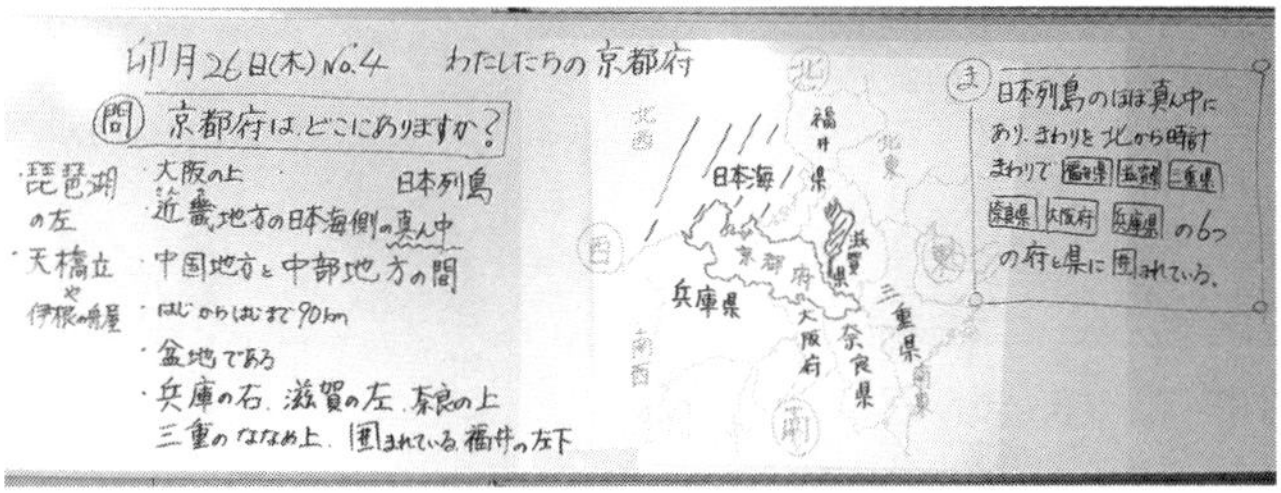

4年生の都道府県や、5年生の日本の国土の学習では、隣接県や隣国を隠し、私たちの位置を問います。例えば、

「京都府はどこにありますか？」

と問うと、

「琵琶湖の左」

「大阪の上」

といった曖昧な発言が飛び出すでしょう。

そこで、京都府の形を提示すると、「京都府と隣り合っている県はどこかな？」という地理的な見方へと「はてな？」が進化します。

6年生の政治学習では、買い物のレシートに記載される消費税を隠し、税の意味について考えさせていきます。

「隠す」ことはマジックに似ていて、子どもたちの解き明かしたい関心を高めるはたらきがあるのです。

追究意欲を高める教師のゆさぶり

教材がおもしろいだけでは活気は出ません。**教師のユーモアあふれるゆさぶりが必要**です。「そんなばかな」「それ本当なの」「まさか」といった思いを笑顔で返す子どもたちの顔を思い浮かべてみてください。

そんな笑顔を引き出すゆさぶりのコツは、**「逆転の発想」**です。既知の知識をゆさぶられた子どもたちは、なんとか解き明かしていこうと必死になるはずです。

では、その具体例を、6年生の税金の授業から紹介します。

T　スーパーマーケットで買い物をしました。「サバ照り焼き」298円、「もやし炒め」298円、「中華丼」368円、「クリームパン」78円です。合わせていくら?

C　1042円です。

T　残念、違います。

C　えっ…、わかった、消費税が入ってないんだ!

T　その通り。でも、消費税を払うのって損な気がしませんか?

ここで、教師がはじめのゆさぶりをかけると「そうだそうだ」と教師の働きかけに同調する子、国民の義務だと言って反論する子、と教室は一気に活気づきました。授業は「払いたくない気持ちはわかるけれど、消費税は私たちの生活に役立てられているものだから支払うべき」という意識に向かわせなければなりません。教師が方向性をしっかりもってゆさぶらないと、授業はにぎやかに這い回るだけになります。

次に、さらにあり得ないゆさぶりをかけます。

T 交通事故に遭ったおばあさんが、救急隊員に「救急車の料金を支払えないから病院へは自分で行く」と言ったそうです。

子どもたちは「そんなのウソだ！」と言いながらも、「どうして？」と追究意欲が高まっていきます。そこで、税金の使われ方の資料を提示します。税金がなかったら公共サービスが有料になってしまうことを追究していきます。

このように4月はゆさぶりを効果的に使いながら活気に満ちた授業をつくっていきます。

学級経営に生きる授業づくりのポイント

「隠す」と「ゆさぶる」で「はてな？」を引き出そう。

算数

友だちを称賛する姿を価値づける

がんばりや成長を認め合える子どもに

4月に筆者が大切にしているのは、**「授業をみんなでつくる」**ということです。

「またあの人？……」

「どうせぼくなんか…」

こんな声が出ないように、算数に苦手意識をもっている子どもにも活躍の場を保障していくことが大切です。ですから、友だちの努力や成長を認める、応援できる子どもの姿を積極的に称賛していくことが、この時期にはとても大切なことです。

Iさんは、友だちががんばった姿にいち早く素直な拍手を送ることのできる女の子です。その拍手が、点数や速さといった表面的なことではなく、「人としてすばらしい」と思ったときに送られているのがすばらしいところです。

4年生の「式と計算の順序」を学習していたときのことです。その日は、たし算とわり算が混じった計算をするときには、わり算を先にする（そうでないと答えが変わってしまう）ことをとらえるという内容でした。

算数の得意なKくんが、

「（　）がついている場合は、こういう計算もできます」

と発言しました。次時で行う分配法則による計算の仕方です。

「なるほど。そういう計算の仕方もあるんだね。さすがKくん。でもね、その計算の仕

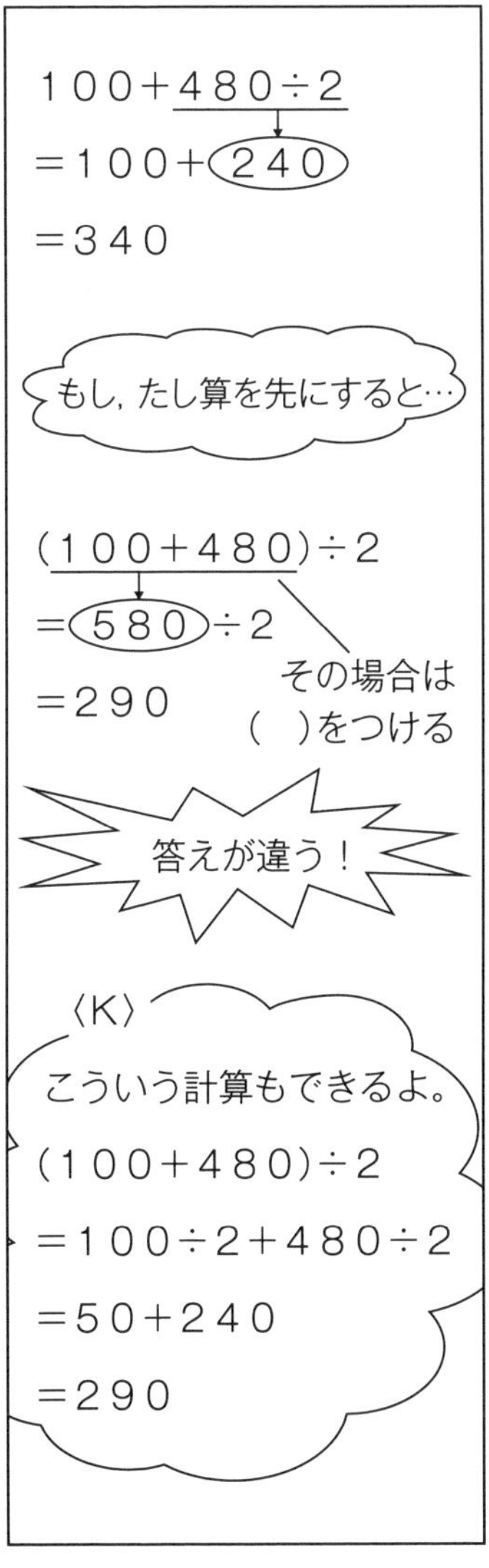

方は、次の次くらいに授業でやるから、今日は書かなくてもいいかな?」

「はい。すみません、そのとき言えばよかったです」

そのときです。

静かに拍手が聞こえてきました。Iさんからです。小学4年生ですから、せっかく発表したのに板書してもらえないのは、残念なことでしょう。しかし、**学級全体のことを考えて判断した教師の意図を素直に受け入れた柔軟なKくんの心を、Iさんは感じ取り、称賛の拍手を送った**のです。

授業の振り返りノートを学級経営に生かす

子どもによっては、みんなの前で発表するのがあまり得意でなくても、自分とじっくり向き合い、ノートに心を綴るタイプの学びがあります。次ページで紹介するのはHさんが授業後に家でまとめてきた「学びの振り返り」の一部です。

5年生「小数のかけ算」。

「積が被乗数より小さくなる」というはじめての場面に出合う授業でした。そこには、答えを求めるために「□倍したら、□分の1にする!」という自分の発言と、授業のポイ

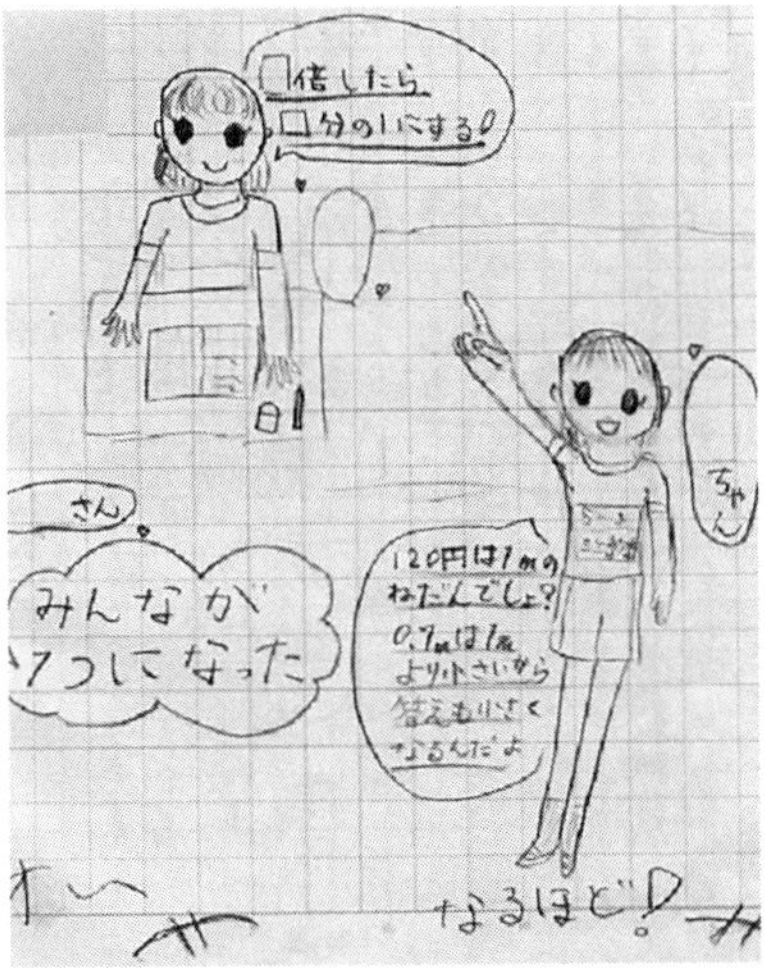

ントである「どうして積が小さくなるのか」の理由をわかりやすく説明した友だちの姿があります。「オ～」「なるほど！」という友だちからの称賛の声も添えられています。

次時は、Hさんのノートを紹介するところから授業をスタートしました。教室に温かい空気が広がっていくのがわかりました。

学級経営に生きる授業づくりのポイント

4月の授業は、子どもが友だちの学びを認める姿を積極的に価値づけよう。

グループ学習でお互いの発見や気づきを支え合う風土をつくる

4月だからこそフラットなグループ関係を

グループ学習は子どもの力関係が影響しやすい学習形態です。ですから、学校生活でまわりから一目置かれている態度の大きい子どもや、学力が高めの声の大きい子どもの発言ばかりが多くなりがちです。

特に、理科の実験活動は、グループで行うことがほとんどであるため、一部の子どもがよく言えばリーダーシップを発揮して引っ張っていく場面がどうしても増えます。すると、必然的に自分の意見に自信がもてない子どもや、相手の意見を尊重する子どもの意見は消えてしまうことになります。**このような偏ったグループ関係を打破し、全員が尊重される学習にするため、4月のうちに指導しておくべきことがある**のです。

一人ひとりの細かい発見・気づきを残しておく

実験を行う前に、

「どのような結果が出るか、グループごとに予想を立てよう」

と投げかけたら、どうなるでしょうか。

ああでもない、こうでもないという活発な話し合いが始まると、教師は安心して実験の準備に移りがちですが、そこには必ず自分の考えを表出できない子どもがいます。そして、表出できない雰囲気が生まれつつあるのです。4月はこの関係をつくらせないことを目標とします。

そのために、**一人ひとりに必ず自分の予想を書かせる場を設けましょう。**しかも、ノートではなく、**付箋やカードなどだれにでも見えるものが適当**です。

教師は、グループ間を回りながら、自信なさげな子どもの意見を取り出し、みんなに聞こえるようにつぶやきます。これは、本人への承認だけでなく、聞いている他の子どもへの方向づけにもつながります。

そして、書き上げられた付箋やカードは、グループごとに1枚の紙に貼りつけさせ、見えるようにしておきます。**同じ意見だからと重ねたりせず、必ず全員の意見を可視化することが、一人ひとりの意見を大切にする学級経営につながります。**

対立を埋めずに共有させる

全員の意見が可視化されたら、グループで予想をまとめる話し合いに移行するでしょう。ここで意見が対立しているグループがあったらどうしますか。

例えば、6年生「物の燃え方と空気」の学習で、次のような対立があれば、どちらか1つにまとめてしまいがちです。

C　酸素がなくなって、火が燃え続けられないから消えるんだよ。

C　いやいや、その前に二酸化炭素が増えすぎて、火を消しちゃうんだって。

このような姿が生まれたら、**教室の全員をそのグループのまわりに集めて、少しの間、話し合う様子を見守らせましょう（フィッシュボウルという手法です）**。その後教師が、

「火が消えてしまった原因は酸素なの？　二酸化炭素なの？」

と対立の軸を明確にしてから各グループの話し合いを再開させます。何を話し合えばよいかが明確になることで、前よりも積極的な話し合いが生まれます。

また、モデルとなる話し合いを見せることで、自分の意見を言い出せない子どもも何を言えばよいかがわかります。結果的に、声の大きい子どもだけの話し合いを脱することができるのです。

結果から予想の価値を見つめる時間を設ける

時間が足りないと、実験の結果が出たらすぐにわかったことや感想をまとめさせがちですが、その前にぜひ予想を振り返らせましょう。**当たったか外れたかではなく、可視化された全員の予想と結果とをつなげる時間をつくる**のです。

C 「空気がなくなったから」という予想も、言葉が違うだけで、間違いじゃないよね。
C そうそう。Aくんの「二酸化炭素が増えたから」も見方は悪くなかったんだよなぁ。

このとき、実際に予想と結果とを線で結びつけて、どう言えばよかったのかを書き込ませるのもよいでしょう。

このような話し合いをすることで、一人ひとりの意見に価値があることを感じさせることができ、互いを尊重する学級の風土が築かれていくのです。

学級経営に生きる授業づくりのポイント

グループの中で個が埋もれないような活動形態の枠を設けておこう。

3
章

教室の「気になるあの子」を輝かせるために

「目立ちがちなあの子」の見方のおもしろさを受け入れる

Aくんが輝く授業とは

以前担任したAくんは、授業への集中がなかなか続きませんでした。ノートを書いたり文を読んだりするときにワンテンポ遅れてしまう。本気なのか冗談なのか、授業中に大きな声で的外れな言葉を発する。教師からすると「扱いにくい子ども」、学級の仲間からすると「授業の邪魔をする友だち」と、よいところを認めてもらいにくい状況が続いていました。

そこで筆者は、Aくんがもつ**「ひと・もの・こと」へのおもしろい見方**を、国語科の授業でなんとか生かそうと見守ることにしました。そして結果的に、それが学級全体を温かい雰囲気にすることにつながっていったのです。

率直な言葉が友だちの問いを促す

金子みすゞの「わたしと小鳥と鈴と」を音読した直後、Aくんが突然大きな声で言いました。

「この詩、小鳥とか鈴とか、小っちゃいのばっかりでつまんないな」

一瞬、教室が静まり返ります。

「そんなこと言ったらダメだよ」

「先生に怒られるよ」

子どもたちは口々に注意を始めます。

確かに、Aくんの言葉は率直過ぎますが、この詩の本質に迫る切り口にもなりそうです。

そこで、Aくんの言葉の足りない部分を補おうと試みました。

T　だったら、Aくんならどんな詩にするの?

A　ぼくなら「おれとライオンとオオカミ」とか強いのにするよ。

C　あっ、確かにAくんの方がまとまっているかも。鈴だけただのものだし。

C　う〜ん、人間と生き物とものって、バラバラ過ぎるよね。どうしてみすゞさんはこの

題名にしたんだろう。

その後、活発な話し合いが続き、最終的に「全然違うものを比べているからこそ『みんな違ってみんないい』が深い意味になる」という読みを共有することができました。

「これもAくんのおかげだね」と伝えると、学級の子どもから大きな拍手が起こり、Aくんも照れ臭そうに笑いました。

素直な見方が教材の深い解釈につながる

次の授業では、同じく金子みすゞの「積った雪」を扱いました。

「さむかろな」「おもかろな」「さみしかろな」と三層の雪それぞれに寄り添う優しい視点について読み進めている間、Aくんはずっと「おかしい　おかしい」とつぶやいています。前回の授業での活躍が頭に残っている子どもたちは、

「先生、Aくんの考えを聞いてみようよ」

と口々に訴えてきました。

A　北海道とかってすごく雪が積もるでしょ？　だから、雪のことを書くなら、上の雪、中の雪、下の雪の順番じゃないとおかしいんだよ。

C　ああっ、そうか。下、中、上でもいいよね。なんで中が最後なんだろう。

Ａくんの気づきには何か価値があると確信した子どもたちは、話し合いを続け、最後に述べた「中の雪」に作者の特別な思いがあることに気づいていきました。

この授業をきっかけに、Ａ君は自分の言葉に自信をもち始め、**思いついたことをすぐに話すことが少なくなりました。**

そして、学級の子どもたちも、Ａくんがどんな言葉を発しようとも、まずはその意味や背後にある考えを読み取ろうと、**一拍おいてから反応することが増えました。**

このことが、柔らかくお互いを受け止め合う学級の雰囲気づくりにつながっていきました。

学級経営に生きる授業づくりのポイント

目立ちがちな子どもには「ここぞ」という出番を考えておこう。

「話が聴けないあの子」を学びに引き込む

授業中に手遊びをしたり、友だちと関係のない話をしたりと、授業に集中できない子どもの多くは、話を聴く姿勢が身についていません。これは、**話を聴く必然性を感じていないから**です。

そこで、話を聴けない子に「話を聴かなければ困る」「話を聴くとよいことがある」といったことを実感させる場面をつくることが大切となります。

「全員立ちましょう」で緊張感を高める

「全員立ちましょう」

発問の後にこのように指示します。

聴いていない子は、立つのが遅いはずです。違うことを考えていたり、ぼうっとしたりしているからです。

社会

次に、

「先生がなんと言ったかわかる人は座りましょう」

と言いますが、聴いていなくても座る子がいます。少し意地悪ですが、座った子の中から気になる子を指名してみましょう。本当に聴いていた場合は、大いにほめます。

しかし、聴いてなかったときはどうするか。ここが、学級づくりのポイントです。チャンスをもう一度与えます。

「特別サービス、時間を巻き戻します」

と、言って教師が動画を逆再生するように演じて見せます。教室内が「ホッ」との笑顔で包まれることでしょう。

その後再び発問をします。（はじめの発問とは少しだけ言葉を変えることがコツです）。

「先生が何と言ったかわかる人は立ちましょう」

今度は一斉に立ち上がります。先ほど答えられなかった子を再度指名し、大いにほめます。

「なぜ聞いてないんだ！」と責めてはいけません。そのような教師の言葉から温かい学級は生まれません。**教師がユーモアを交えながら失敗体験を成功体験に導いていくことが、**

「あの子」の自信となり、学級の雰囲気を明るくします。「ホッ」との笑顔を表出させるユーモアのセンスを磨いていきましょう。

ペア学習で互いの信頼を高める

ペア学習の前には、1人で考える時間を設けた方が学びが深まります。しかし、話を聴くことが苦手な子は、一人学びがなかなかできません。結果、ペア学習では、黙っているか話の邪魔をします。そこで、話を聴けない子は積極的でお世話好きな子と組ませます。

そして、次の3点を指導します。

①話はうなずいて聴く。
②ペアの子にうなずいて聴いてもらったお礼を述べる。
③互いに「ありがとう」と言う。

ペア学習では、「○○君が話を聴いてくれません」といった不満の声が上がりがちです。それを逐一教師が注意しているような状況では、温かい学級づくりはできません。ペアに寄り添いながら、①〜③の指導を粘り強く行っていきましょう。話が聞けない子には、ペア学習で「話を聴いてくれてありがとうの感謝の気持ち」を味わわせたいのです。

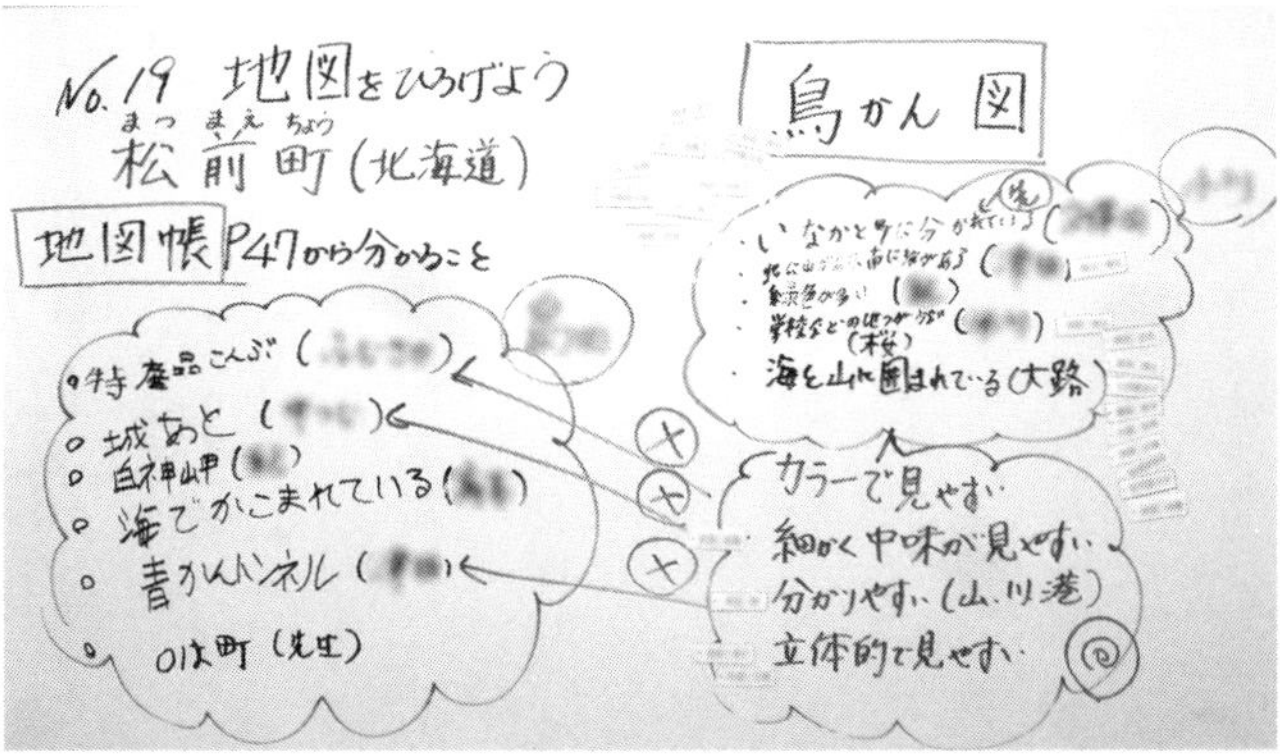

話を聴きたくなる環境づくり

地図帳からわかることを数名が発表した後に、よく聴いていた子どもを指名します。メモしたノートを基に友だちの発言をボードに記させます。よい手本を見せた後に、「次の発表後もよく話を聴きメモをしていた人に板書を頼もうかな」と働きかけていきましょう。

今度は、話を聴いていなかった子も、鉛筆の先から煙が出るほどメモをしています。

「しなさい」から「したくなる」への意識の転換を図る環境づくりが大切です。

学級経営に生きる授業づくりのポイント

責めるのではなく、ほめる技を身につけよう。

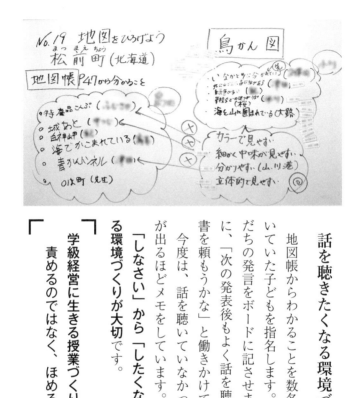

「積極的になれないあの子」の勇気を応援する

あの子に自信をはぐくみたい！

Rさんは、明るく真面目な４年生の女の子です。しっかりと筆圧のある文字には、素直で正直な性格が表れ、友だちからも親しまれていました。そんなRさんですが、算数には苦手意識をもっていて、授業では、まわりと比べてなかなか考えが浮かばず、表情が曇る場面が見られることがあります。

「なんとか算数に自信をつけさせたい」と思いながらRさんを見守ってきましたが、あるとき、そのチャンスがやってきました。

その日は校内の研究授業。多くの教員が教室で子どもたちを取り囲んでいました。

４年生「二けたの数でわる筆算」。本時は単元の山場「仮商修正」のある筆算です。タイトルは「商の見つけ方②」。出合わせる式は86÷23にしました。

授業を子ども主体にする手立てとして、あえて教師が筆算の仕方を見せます。

ここまでを、教師はサイレントで行います。両手で3と6を隠し、うなずいてから4を立てます。子どもは「違う、違う!」と大きな声を上げますが、かまわず計算を続けると、92となり、ひけなくなってしまいました。「ほらね」と子どもたち。

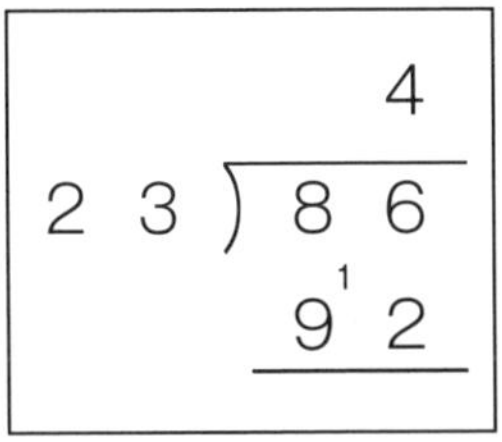

そこで、

「じゃあ、直してくれる人?」

と発問します。

たくさんの手があがりましたが、次のように発表者を指名しました。

「女の子で…、めがねをかけていて…、名前に…『リ』がついている人!」

乗り越えるがんばり→応援・称賛→「よし、自分も!」

「Rちゃんだ!」

みんなに後押しされながら、Rさんが教室前に進み出ます。もちろん、教師はRさんが

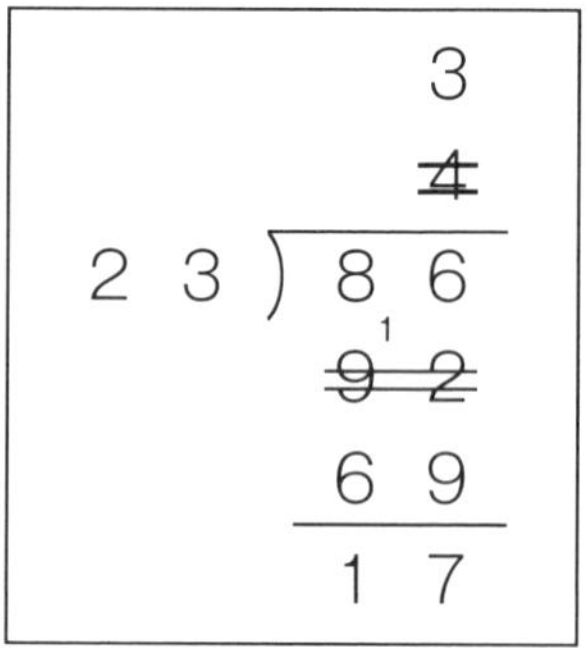

筆算で正解にたどり着いていることを把握しています。**この緊張感の中、自分の役割を果たせば大きな自信につながると考えた**のです。

みんなが見守る中、ホワイトボードに筆算を書くRさん。

しんとした中にも、

「いいよ」

「そうそう」

とRさんを応援する声が聞こえます。思わず教師も笑顔になります。

いつものしっかりした字で筆算が仕上がると、自然と拍手が起こりました。Rさんの瞳がいつも以上にキラキラしていました。

後半、ここまでの経緯を言葉でまとめるよう促しました。

まず、教師が立てた商「4」は、80÷20とみたことを確認。

「だから、Rさんはどうしたのかな?」

と尋ねると、Aさんが、

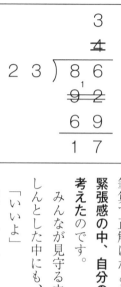

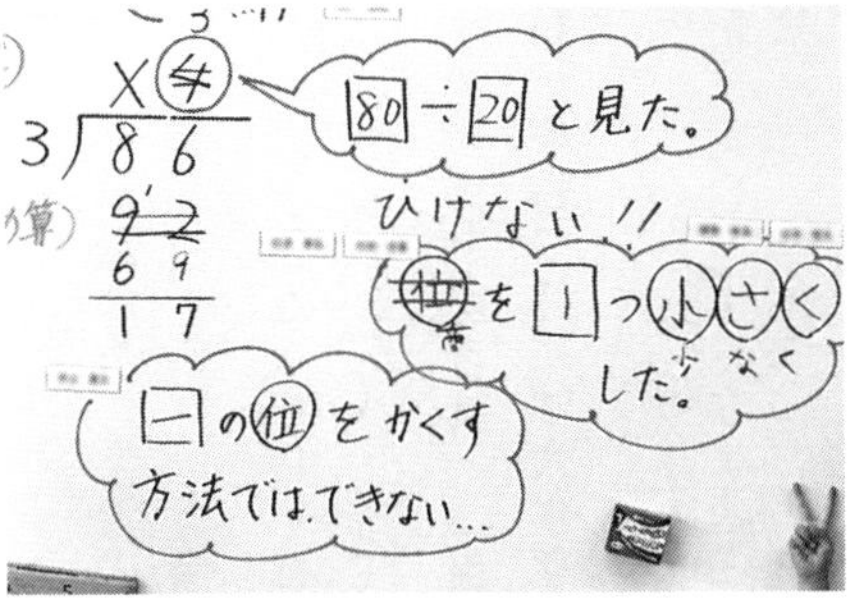

「位を1つ小さくした」
と発言しました。
すると、普段はあまり発言しないKくんが手をあげています。
「位だと一の位より下の位ということになってしまうから
『商』とか『数』がいいと思う」
Rさんの活躍が学級全体に前向きなエネルギーを生み出し、
Kくんの勇気に波及したのです。

学級経営に生きる授業づくりのポイント

壁を乗り越えた経験と、それを応援した子どもたちの態度を価値づけよう。

「周囲から浮いてしまいがちなあの子」のこだわりを生かす

理科

どの子どもも支える、支えられる雰囲気をつくる

どの学級にも、学習の速さや言動がずれていたり、言葉の調子が強すぎたりして、周囲から浮いてしまう子どもがいます。どうしても教師からの指導や注意が多くなるため、まわりの子どもも厳しい目で見がちな「あの子」です。

しかし、そういう個性の強い子どもほど、独自の視点やおもしろいこだわりをもっています。理科では特に**「自分なりの自然科学的な見方・論理」**や**「理科的事実へのこだわり」をもつことは大きな利点**です。

ですから、「あの子」のよさを生かすことのできる授業を考え、まわりの子どもと互いに支え合うような学級の風土をつくっていくことが、担任には求められるのです。

「どっちもいいこと言ってるんだけどね」

5年生「電磁石のはたらき」の単元の終わりに、「モーターカーレース大会」を計画しました。一番太い導線を選び、1巻き2巻き…と根気よく丁寧に50回巻き続けたコイルで、強力なモーターをつくったSさんは気合十分。絶対勝つと自信たっぷりでレースに臨みます。対戦相手のTくんは普段からよくSさんとぶつかり、けんかをしている子どもです。Tくんは中ぐらいの太さの導線で40回巻いたコイルをモーターに使っています。

レーススタート。

まわりからも、

「行け！」

「がんばれ！」

と声がかかります。

結果はTくんの勝ち。うれしそうに友だちと話しています。一方、負けたSさんは真っ赤な顔をして悔し涙を流しています。まわりから励ましの声がかかりますが、それも耳に入らないようです。

S　太い導線の方が磁界は強くなるって実験で確かめたのに。巻き数も私の方が多いのに。なんで私が負けるの。意味がわかんない。

まわりの子どもたちは「またか」という顔をしています。これまでもSさんのこだわりの強さから、けんかになったり八つ当たりされたりしたことがあったからです。それでも、Sさんのこだわりは授業をよい方向に進ませると考え、改良の時間の後、第2戦を行うことを告げました。

そして、Sさんのグループでも、前のレースの結果からどうやって改良するかの話し合いが始まりました。

しかし、Sさんは黙ったままで、グループの雰囲気はよくありません。Sさんはまだ負けたことについて気持ちの整理がついておらず、他のメンバーはSさんが自分の意見を押し通そうとしていることをわがままだと思っているようです。

そこで、笑顔でゆっくりと話しかけました。

T　みんなレースに勝ちたいんだよね？（全員うなずく）
でも、けんかをしたいわけじゃないんだよね？（全員うなずく）
じゃあ、気持ちは全員一緒だということでいいね。Sさん、一番言いたいことを、落

ち着いて話してごらん。

S　だってね。実験では太い導線の時に磁界が一番強くなったでしょ？　だから、私は太い導線を使えば絶対に強いモーターになって速くなると思うんだ。

C　でも、太い導線だと重くなるよ。細い導線で巻き数を減らした方が速くなるんだよ。

ここでじっと話を聞いていたMさんが小さな声で言いました。

M　どっちもいいこと言ってるんだけどね。

この言葉から何かに気づいたグループの子どもが、アイデアを次々に出してきます。複数のモーターをつくり、タイムを比べようという意見や、それをストップウォッチで測り、表にまとめようという意見。そして、みんながSさんに、

「一緒にやろうよ」

と呼びかけました。

第2回目のモーターカーレース。

Sさんの顔からは、「今度こそ勝つぞ」という気合いがみなぎっています。

結果は、細い導線でつくったコイルを使ったTくんのモーターカーが優勝。残念ながら、今回もSさんたちのモーターカーは勝利を飾ることができませんでした。

しかし、Sさんは、その日の学習感想に次のような言葉を書いていました。

私は、太い導線にこだわりがありました。最初は、私がわがままを言っていて、チームもばらばらだったけど、みんなが私の話を聞いてくれて、すごくうれしくなりました。そして、みんなで実験してみると、太い導線で30回巻いたものが一番速く走ることも確かめられました。だから、**負けたのは悔しいけど、いい活動ができたと思います。**

学級経営に生きる授業づくりのポイント

思いを通じ合わせ、お互いのよさを認め合う子どものつなぎ方をしよう。

4
章

「話し合い」で子どもをつなげる

相互理解と合意形成で双方向の道を通す

他教科や生活に役立つ力になることを意識して

互いの意見を交流しながら話し合いをすることは、共に理解を深めながら授業のねらいに迫るうえで、大切な過程です。しかし、国語科では話し合いそのものが学びの目標であり、内容になります。だからこそ、国語科の授業で人間関係づくりに資する話し合い方を身につけることは、他教科や日常生活にも大きく生きてきます。

ですから、教師は話し合いにおける一つひとつの指導が、学級づくりにしっかりと機能しているかを確かめなければなりません。ここでは、「相互理解」「合意形成」という2つの基本的な話し合い方から、学級づくりの視点を説明します。

互いの思いや考えを共有する「相互理解」

「お手紙」（2年）で、初読の感想を互いに読み合った後の交流場面です。

C1　この「がまくんは手紙が来ないことを悪く考えすぎ」って、手紙が来なくて寝ていたところ？
C2　そうそう。病気じゃないのに寝込んじゃうのはやりすぎじゃない？
C1　ああ、それはぼくも思っていたよ。ここに書いた文に似てない？

お互いが何を考えているのか、感じているのかを理解し合うことは、話し合いの基本であり、人間関係づくりの基本でもあります。**たとえ完全に理解できなくても、共感しようと働きかける姿を、すべての子どもに求めていきたい**ものです。しかし「お互いの意見を伝え合おう」と呼びかけても、ノートを見せ合ったり、互いに意見を1回ずつ話して終わったりすることが多々あります。ですから、

「○○さんの意見を簡単に言うと？」
「○○さんの意見のいいところはどこ？」

などのように、**教師から積極的な理解を促す声かけをしていくことが大切**です。また、例

のように、意見の言い切りで終わらず、相手に問いかけるような口調で締めるよう、繰り返し指導していきます。

互いの意見の折り合いをつける「合意形成」

「お手紙」で、がまくんとかえるくんのずれている心情を、ペアで吹き出しにまとめる授業場面です。

C1　ぼくは「手紙がほしいからおこってる」の言葉は消したくないの。
C2　私は「さびしいし、つらい」の方が絶対いいと思う。
T　2人とも大事にしている言葉があるんだね。2つは合体できそう？
C2　ううん、ただ合体させても…。「さびしいからおこってる」とか。
C1　それなら「本当はさびしいんだけど、つらくておこってる」にしてみたら？
C2　それ、すごくいい。賛成賛成。

相互理解のように友だちへの当たりを柔らかくする姿だけでなく、**友だちとの折り合い**

をつける姿が増えると、学級からとげとげした雰囲気が減ります。その折り合いのつけ方を、話し合いの中で体験させるようにしていきましょう。

例で示したように、子どもはともすれば「それが自分の意見である」という理由だけで、意見を曲げようとしないことがあります。互いの考えを交流することで、さらによい考えに生まれ変わることに気づかせたいものです。そのために、課題をどう立てるかには毎回腐心します。同じ意見しか出ないものだと話し合う必要がありませんし、AかBか選択肢が明確すぎるものだと折り合いがつけにくいからです。

「2人の意見を合わせてもっとよいものに」「片方の意見に決めるけれど、もう片方の考え方も理由につけ加える」といった、折り合いをつける過程が含まれた課題を提示していきましょう。

学級経営に生きる授業づくりのポイント

子どもの間に言葉が行き来する、双方向の道を通すことを意識しよう。

ジグソー学習法を活用し、考えと思いを伝え合わせる

子どもたちの学びを受動から能動に変えていく手立てが、アクティブ・ラーニングです。友だちとのかかわりが密になることから、学級づくりにも大いに役立つものといってよいでしょう。ここで紹介するアクティブ・ラーニングは、5年生の環境問題を考える単元にジグソー学習法を導入した例です。

ジグソー学習で、子ども一人ひとりの学びを能動的にする

❶テーマの設定

割り箸の使用は森林破壊をしているのか？

❷テーマに迫る資料の準備

割り箸使用が森林破壊であるか否かの視点からグループ数の資料を作成します。

❸同じ資料の読み合い

4名程度のグループで資料の内容を分析・解釈します。そして、自分たちの資料を読んでいない他のグループにうまく説明する準備をします。

「コンビニ弁当と割り箸」の資料を読んだグループの話し合いを紹介しましょう。

C　20年前は、コンビニ弁当に割り箸がついていたんだって。
C　その方が便利でいいよね。
C　便利だけど、それはエコじゃないよね。
C　割り箸の使用量が年間で200億膳以上だよ。
C　使いすぎだよ。木がなくなっちゃう。

このように、**同じ資料を少人数で読み込む場面では、思ったことや考えたことを共感的に語り合う姿が見て取れる**ことでしょう。

❹違う資料を読んだ子ども同士の話し合い

ジグソーパズルのように、違った資料を読んだ子ども同士がグループをつくります。

K　コンビニでは、森林を守るために弁当に割り箸をつけることをやめたんだ。木を守る

とてもよい取組だと思わない？

S　それは外国の木を使っていたからだよ。

K　なに、外国の木って？

Ｋくんは、コンビニの森林保護の取組を紹介しました。ところが、Ｓさんは、反論します。なぜなら、Ｓさんは国産の木を使った割り箸使用は、森林保護になるという資料を読んでいたからです。この後、Ｋくんは、割り箸のほとんどが外国産の木であることを知り衝撃を受けます。**違う資料を読んだ子どもたちが、森林保護について互いの価値観をぶつけ合い、批判的な議論の中からも解を見つけ出そうとするかかわり合いが見て取れます。**

まとめの時間で、子どもの考えと思いをつなげる

ジグソー学習を通して、子どもたちのかかわりは共感的であったり批判的であったりしてきました。そこで、次の時間に学級全体でテーマについて考える時間を設定しました。小グループでつながってきた友だちのかかわりを学級集団としてまとめるためです。

C　割り箸工場が減っていて働く人がかわいそう。

T　なぜ工場が減っているのかな？

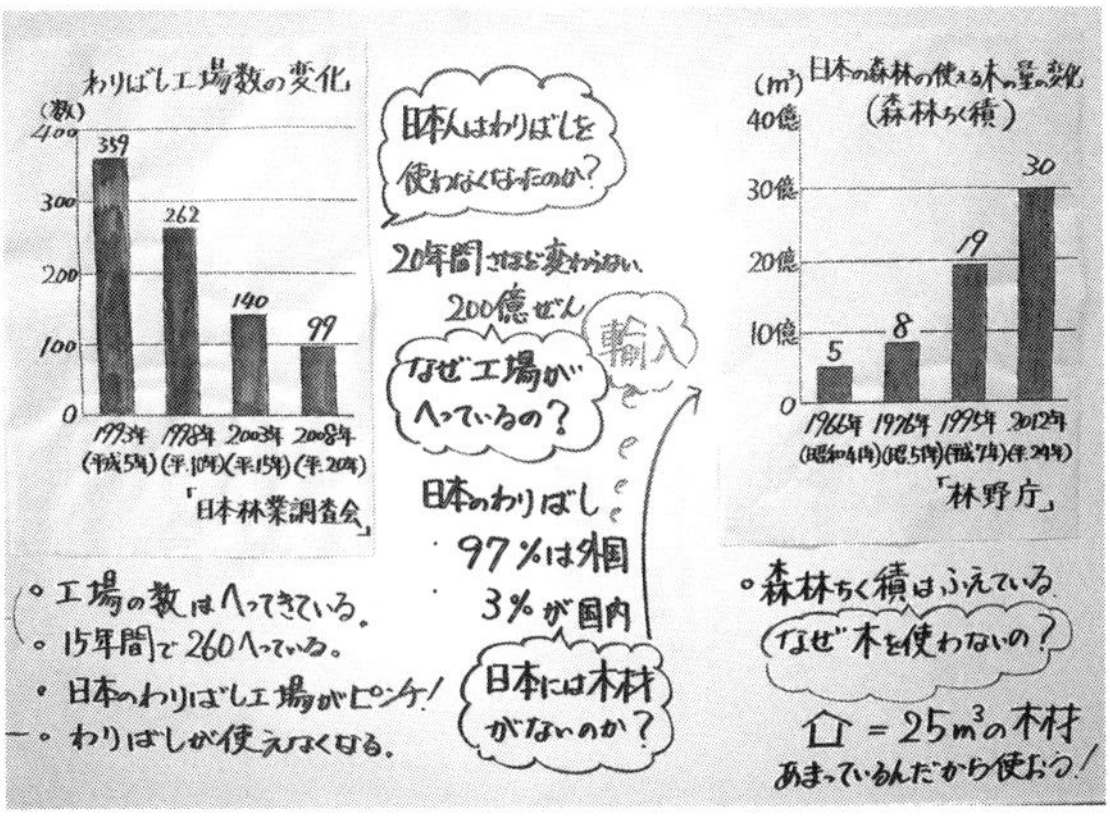

C　割り箸を使わないようになったからです。
T　それは森林を守るからいいことだね。
C　でも日本には使える森林がたくさんあります。
C　使えるのに使わないのは日本がずるいよね。
C　そうだよね。中国が森林破壊されてかわいそう。
C　日本は外国の森林を破壊していて悪いと思う。

学級全体の話し合いとなれば、全員の声を聞くことは難しいです。しかし、発言している友だちのことを頷きながら聞いている姿には、集団の輪が感じられます。

学級経営に生きる授業づくりのポイント

アクティブ・ラーニングを活用し、友だちとのつながりを広げていこう。

「聴いていたからこその発言」を価値づけ、聴く力を育てる

話し合いを支える「聴く力」

子ども同士が話し合い、共によりよいものに迫っていくためには、一人ひとりに「聴く力」をはぐくんでいくことが大切です。

聴く力は、**集中力、共通点・相違点を見いだす力、相手の説明を理解しようという態度などの総合力**であると言えます。したがって、

「話している人の方を見て聴きましょう」

「話が終わってから手をあげましょう」

といった聴き方のルールを示すことも大切ですが、聴いている子どものよさを認められるような働きかけも必要です。

筆者が意識しているのは、友だちが聞けるような発表形態をとることです。例えば、

「インタビュー形式の質問」があります。**ひと言で答えられる質問を1列の5人にテンポよく尋ねていく**のです。

4年生の学習で、「順序を考えて計算しよう」という授業を行いました。まずは、「36－24÷4」を扱いますが、前時の学習内容が定着されているかの確認の意味を込めた出題であるため、ずばり「答えだけ」を子どもに質問していきます。

1列分5人に尋ね終え、前に戻りながら子どもたちにこう尋ねました。

「(答えは)何種類あったかな?」

複数人に発言してもらった後によく用いる発問の1つです。こう尋ねることで、まわりの聴こうとする意識を高めていきます。

「2種類です」

と子どもたち。30という答えが4人、そしてKくんが3と答えていたのです。

「そうだね。どっちがいいのかな?」

と代表の子どもに計算を書いてもらいました。

この単元の学習の合言葉は「途中式が勝負」です。計算のきまりはわかっていても、等

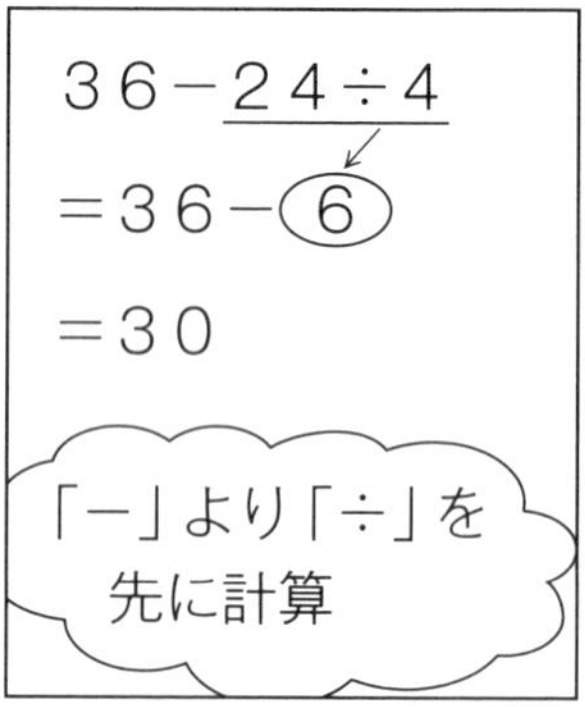

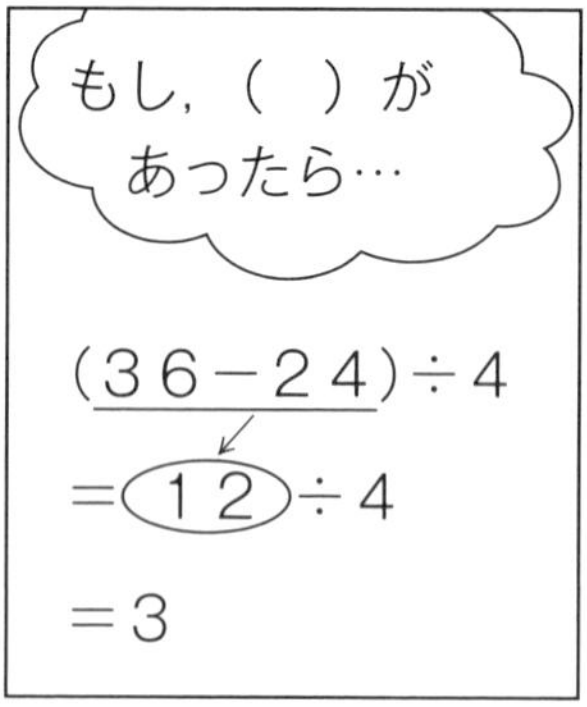

式の意味を崩さずに正しい式変形をするには、ある程度の練習が必要だからです。筆者は、式がどのように変化していったのかがよりわかりやすくなるように「＝」を左に書くことで式を終始縦にそろえて書く指導をしました。代表のSさんも、式の下に青で線を引き、その式が変化した数を青で囲み、矢印で結びます。前時の授業でAさんが発表してくれたこの方法が、クラスの文化になっています。

ひき算よりもわり算を先にするという計算の順序と、答えが30であることが確認され、次の問題に移ろうとしたときです。Tくんが次のように発言しました。

「もし（　）があったら、Kくんのでもいいよね」

「聴いていたから、考えていたからこそ」の見事な発言でした。

Tくんの発言をそのまま板書し、Tくんの言ってくれた

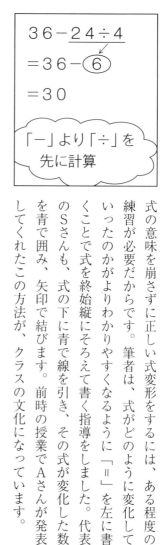

式を他の子どもに書いてもらうことにしました。ここで手をあげられるのも、Tくんの発言の意味を考えながら聴いている子どもたちです。

このように、**「答えが出たから終わり」ではなく、友だちの言葉に耳を傾け、心を寄せられる子どもにしたい**ものです。Tくんは、Kくんがひき算を先に計算してしまったことを理解しながら、もし（　）があったらKくんの答えになる、と寄り添ってくれたのです。称賛されたTくん、自分の発言を大切にしてもらったKくん、そして教師も笑顔になった、うれしい時間でした。

学級経営に生きる授業づくりのポイント

「聴いていたからこその発言」を価値づけよう。

「可視化」と「要約」で話し合いを支える

理科

話し合いを支える「可視化」と「要約」

理科では、観察や実験で得た事実を「自分なりの理論」として意味づけることが、深い学びにつながります。これを「自分たちなりの理論」として共有するためには、思いや考えが通じ合い、お互いのよさが生かされる話し合いが必要になります。

そのような話し合いを進めるうえで、教師が気をつけるべきポイントが2つあります。

1つは、**お互いの内面を「可視化」する手立てをもつ**ことです。具体物やモデルを用いて、相手が何を言おうとしているのかがわかり合える温かい場をつくることが必要になります。

もう1つは、**「要約」する活動を生かして、相手の言いたいことを進んで理解しようとする態度をもたせる**ことです。

モデルを使い、お互いのイメージを可視化する

3年生の「植物の一生」で、ホウセンカの種子がどこにできるのかを予想する授業の一場面です。

いつもおもしろい視点から考えて、意見を次々に発表するため「クラスのアイデアマン」と呼ばれているKさんは、ノートに「種は葉と葉の間に花のように広がってできる」と書きました。

毎時間予習を行い、理科の知識を豊富にもつため「クラスの博士」と呼ばれるWさんは、ノートに「種は葉とくきの間にできる」と書いていました。

ノートに書いたことを基に話し合いを始めると、2人の間で意見がぶつかります。

K　葉っぱと葉っぱの間に、種がポンポンポンとたくさんついていたでしょ。

W　そこじゃなくって、葉っぱと茎の間にピョッと出てるんだってば。

身振り手振りを加えながら、2人とも懸命に説明するのですが、お互いになかなか納得し合うことができません。

その動きから言いたいことを理解できたので、黒板に横から見たホウセンカの図をかき、

それを使ってもう一度説明するよう促しました。

K　**葉っぱと葉っぱの間にこう（手で円を描きながら）、ぐるっと種がつくと思うの。そうじゃないと、はじけたときに遠くに飛ばないでしょ。**

W　**ああ、そういうことか。私は茎から葉っぱが出てる、この部分があるでしょ。ここに花が咲いていたから、その花の後に種ができるって言いたかったの。**

その後教師が提示した写真を見て確認すると、２人の言っていることをどちらも確認することができ、まわりの子どもたちから、

「やっぱり2人はすごいな」

という声が上がりました。

黒板にかいたホウセンカの簡単なモデルを使うことにより、Kさんは上から、Wさんは横からという視点の違いと、種の飛び方や花のつき方といった理由の違いが明らかになり、

2人は相手が何に着目したのかをより深く理解し合うことができました。その後も笑顔で話し合う2人を見て、教師が引き取って説明をしたり、いきなり写真を提示したりする手立てを選ばなくて、本当によかったと思いました。

キーワードを使い、自分の言葉にする

2人の発表のよさをすべての子どもに共有させたいと考え、**それぞれの言った言葉のキーワードは何かを問いかけました。**

はじめに出てきたのは「葉」「茎」「種」といった部分に関する言葉でしたが、Dさんは次のように話しました。

D　種や茎も必要な言葉なんだけど…。「花の後に種ができる」っていうのは今までに習った大事なことを使ったWさんらしいキーワードだと思います。

そういうキーワードのとらえもあるのかと驚く子どもたち。

「Wさんらしい」と言われてどう思うかを尋ねると、うれしそうにしながらWさんはこう答えました。

W　それを言うなら、私もKさんの「はじけたときに遠くに飛ばない」を聞いたときに、

さすがKさんだなと思いました。

2人から出たキーワードを基にすることで、花から種ができ、はじけるという流れと、葉や花のつき方の関連を、全員が説明することができました。

「その人らしい」キーワードを探す姿はその後も続き、そのたびにうれしそうな笑顔が教室の中に咲いていきました。

学級経営に生きる授業づくりのポイント

友だちの個性を理解し、言いたいことを受け止めようとする態度を育てよう。

5章

「板書」で子どもをつなげる

ネームプレートで、子どもの立ち位置、内面を明確にする

国語

お互いの立ち位置が見える大切さ

子どもに「聞きたい」「話したい」という意欲が高まっていないのに、話し合いをさせてしまうことはありませんか。

「とりあえず隣の人と話してごらん」

では、建設的な意見が出にくいばかりか、**話し合う相手を大事にする態度も育ちません**。

そこで、話し合う前に利用したいのが、板書とマグネットつきネームプレートです。価値が示されたマトリクス上のどこにネームを貼るかを考えることは、そのまま自分の意見を提示することにつながります。そして、自分と友だちのネーム位置の同異を見ると、その理由を聞いてみたくなります。「あの人と話してみたい」という思いが、温かい学級づくりにつながります。

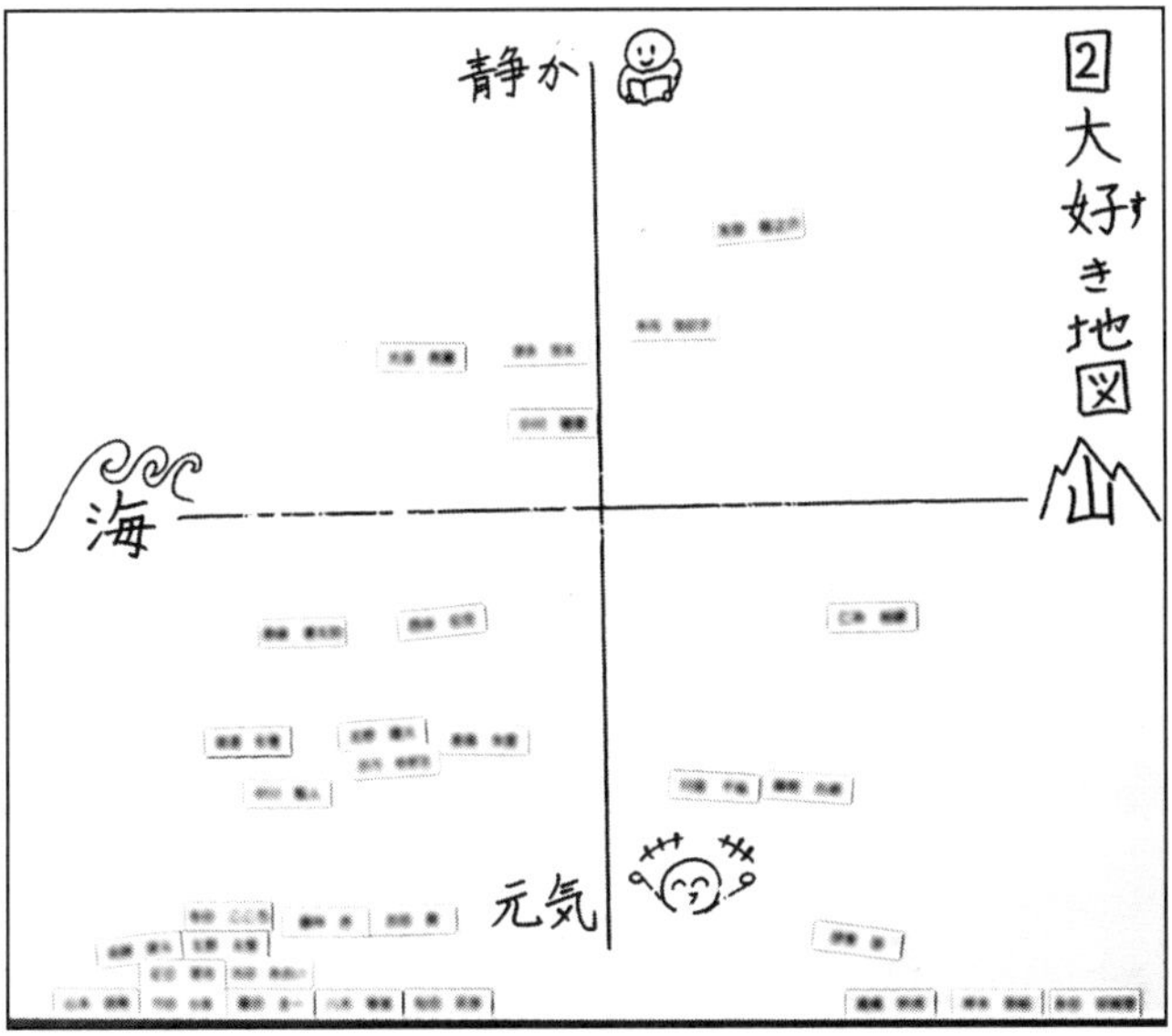

ネームを全員が貼る意味

全員が授業に参加することは、学力の保障というだけではなく、全員で同じ方向を向くという学級の風土を育てるうえでも大切です。学級全員のネームが黒板上に並び、一人ひとりが自分の意見を表明している状態は、それだけで学級への肯定感を生み、前向きに学ぼうとする姿につながります。

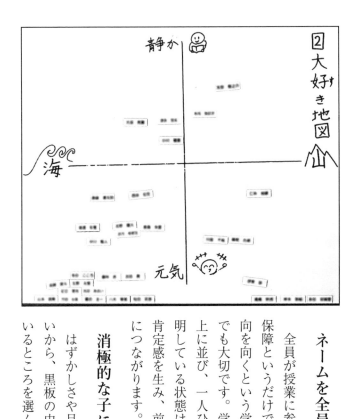

消極的な子には

はずかしさや目立ちたくないという思いから、黒板の中心やネームが集中しているところを選んで貼ろうとする子ども

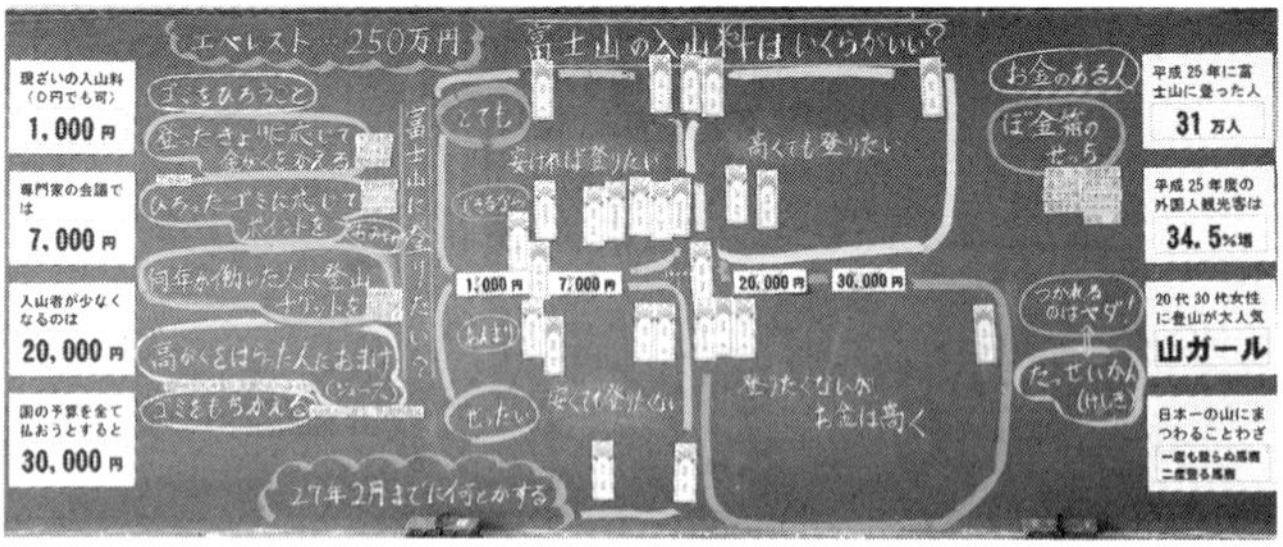

がいます。そんなときは、こう投げかけます。

T　真ん中のところのマグネットが多すぎてよく見えないなぁ。線が見えるように動かしてください。

C　でも先生、マグネットが多すぎて、自分の貼りたいところに貼れないんですよ。

T　なるほど、それなら、その部分だけ拡大しよう（別の場所に拡大した線をかく）。

C　ええと、どうしようかなぁ（お互いの顔を見合いながらなかなか貼り出そうとしない。教師はニコニコして待つ）。

C　じゃあ、ぼく貼るよ（集団から離れた場所に貼る）。

C　じゃあ、ぼくも（続けてばらけた場所に貼り始める）。

集団に埋もれ、自分の本音を隠そうという意思は、学級の空気を濁らせる原因になります。せっかくの一人ひとりが意見を表明する機会ですから、逃げ道をつくらず、勇気をもってマグネットを貼る姿を称賛してあげましょう。

見えてきた子どもの姿から話し合いを

ネームを貼り終わったら、ペアやグループでの話し合いに移行します。このときも、教師の着目やグルーピングによって、その後の学びの雰囲気は大きく変わります。

❶意見が近い者同士でグルーピングする場合

互いの意見が似ているため、「そうだよねぇ」という受容的な雰囲気で話し合いが進みます。自分の考えに自信をもたせてから、全体の話し合いにつなげたい場合に有効です。

❷意見が遠い者同士でグルーピングする場合

互いの意見が大きく異なると「なんで?」「だって!」と活発な雰囲気で話し合いが進みます。学び合う雰囲気ができれば、論点が明確な活気のある話し合いが期待できます。

学級経営に生きる授業づくりのポイント

板書に貼ったネームプレートで、立ち位置も子どもの内面も明確にしよう。

子ども参加型板書でつながり、一体感を生み出す

子どもの発言を、名前を用いたネーミングで「○○式」と板書したりする授業はよく見られます。これは、個の考えを価値づけるうえで有効な手段です。

しかし、授業の最終板書を見たとき、学級全員の考えが価値づけられているでしょうか。むしろ、一部の子どもの考えだけが取り上げられていることが多くないでしょうか。子どもも一人ひとりの考えが板書に位置づけられていると学級につながりと一体感が生まれます。

子どもの板書を教師が価値づける

授業が講義型であれば、子どもの発言や名前が板書に登場することは少ないでしょう。子どもの学びが能動的であればあるほど、板書に子どもの発言や名前が登場します。板書は学びの道筋を整理したりまとめたりする場ですから、子どもと教師で共につくり上げるものだと意識しましょう。

社会

次に示す例は、4年生の地図指導の授業場面です。子どもが地図から気づいたことを次々に板書します。教師は、子どもが書いた言葉に名前を記します。これが、教師が子どもの考えを価値づけたことになります。子どもからは笑顔があふれることでしょう。子どもと教師の信頼関係は、このようなところから築かれていくのです。

前の発言につなげて板書する

子どもが書く板書は、**前の発言につなげていくことがポイント**です。鳥瞰図から「田舎と町に分かれている」とKくんが書いた後に、Tくんが「北に山があり、南に海がある」と続きます。それならば、とNくんが「緑色が多い」とつなげます。

つなげることができなくなったら視点を変えていきます。まるでしりとりのような感覚でつながっていくところに、学びの一体感が広がっていきます。

教師が子どもの見方を整理したりまとめたりする

地形図のよさを見つけていく場面では、針葉樹林や広葉樹林、荒れ地や寺院などを地図記号からしりとりのように次から次と見つけていきます。ここで、子どもの単発的な板書や発言を「地図記号から町や土地の様子がわかる」とまとめていくことで、バラバラに見えていた子どもの見方がつながります。また、Fくんの「山の高さがわかる」と板書したことについては「等高線」という社会科用語とその意味を教えます。新しい知識を得た子どもたちからは、「F君の気づきはすばらしい」と賛辞が送られます。

このように、しりとりのように見方をつなげて子どもに板書させたり、教師が吹き出しを用いて要約したりすることで、板書を通して子どもたちにつながりや一体感が生まれていきます。

全員のネームプレートを位置づける

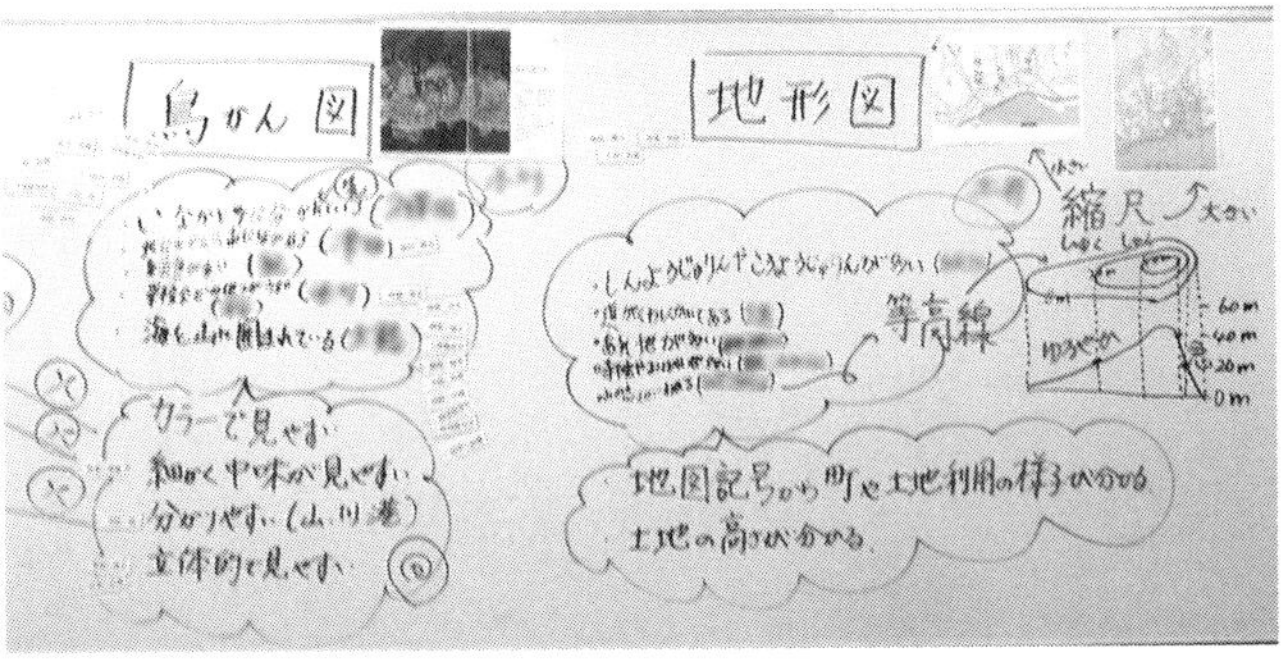

授業はある一部の子どもを中心に展開されがちです。しかし、当然中心となる子どもは時間ごとに違うことが理想です。全員参加の授業が活気ある学級をつくります。

そういった意味で有効なのが、国語科の項でも紹介した、全員のネームプレートを黒板に貼り、意見表明をさせるという方法です。毎時間は難しいとしても、ときどきやってみることをおすすめします。

今回は、発見型の授業だったので「なるほどと思ったところにネームプレートを貼りましょう」と呼びかけました。考えを板書する機会がなかった子どもも、自分の考えを表明することができます。

学級経営に生きる授業づくりのポイント

子ども参加型板書でつながりや一体感を生み出そう。

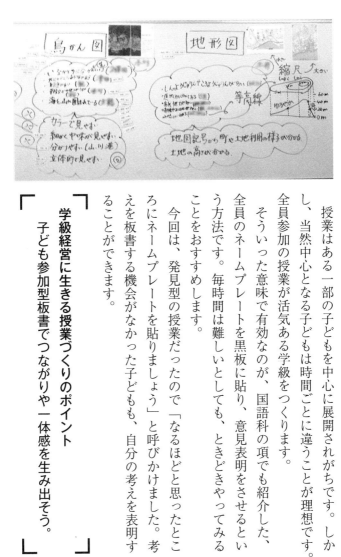

算数

素直な子どもらしい感覚や表現を大切に扱う

直角がある形はどれ？

前時で紙を折ることによってできる「かどの形」を直角ということを知った子どもたち。

本時では、提示された三角形や四角形に直角があるかどうかを考えていきます。

まず、２つの三角形ＡとＢを提示します。

三角形A

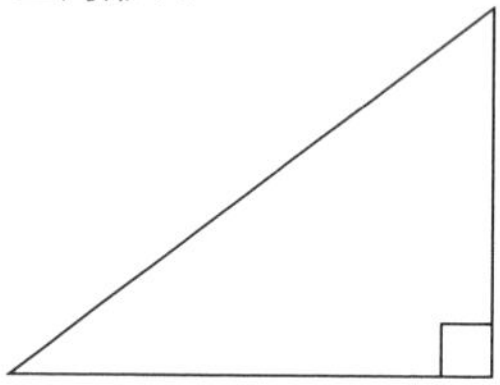

三角形 B

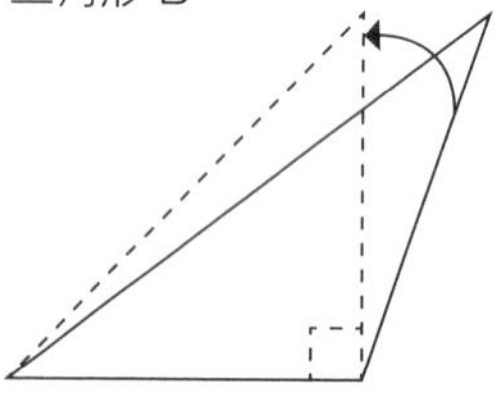

T　「直角」はあるかな?
C　Aの三角形にはあるよ。ほら、ここに。
T　前回つくった直角を当ててみましょう。確かに直角ですね。
C　Bの三角形にはないよ。
Y　でも、こうすれば(前ページ図)直角ができます。
T　なるほど。
Bは「ふつうの三角形」、Aのように直角がある三角形を「直角三角形」といいます。

続いて四角形の場合も考えてみました。

四角形C

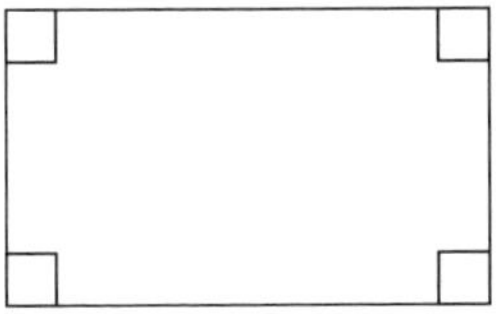

四角形D

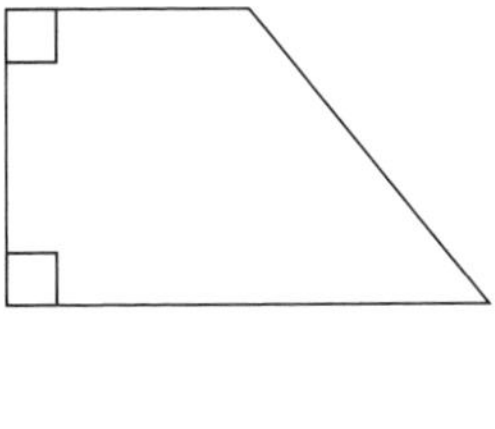

四角形Cには直角が４つ、四角形Dには直角が２つあることが確かめられました。

四角形Cが「長方形」であることや、「直角が１つ」や「直角が３つ」ある四角形の有無については、次回の学習としていきます。

子どもにとっての「直角」のイメージは…

前述の授業で直角かどうかを判断する際、子どもたちの手に前時でつくったあの直角はありません。しかし、なんらかの判断基準が確実にあることが伝わります。

そこで、子ども一人ひとりのもつ判断基準を交流することで、「直角」のイメージを豊かにしていこうと考えました。


「ところで、直角ってどんな『かどの形』なの？」


「こんな形だよ！」

言葉で説明するより、両手を交差させて伝えようとする子どもたち。子どもらしい素直な表現が次々と発表されました。

C　まっすぐの「カクカク」。

C　9時とか3時！

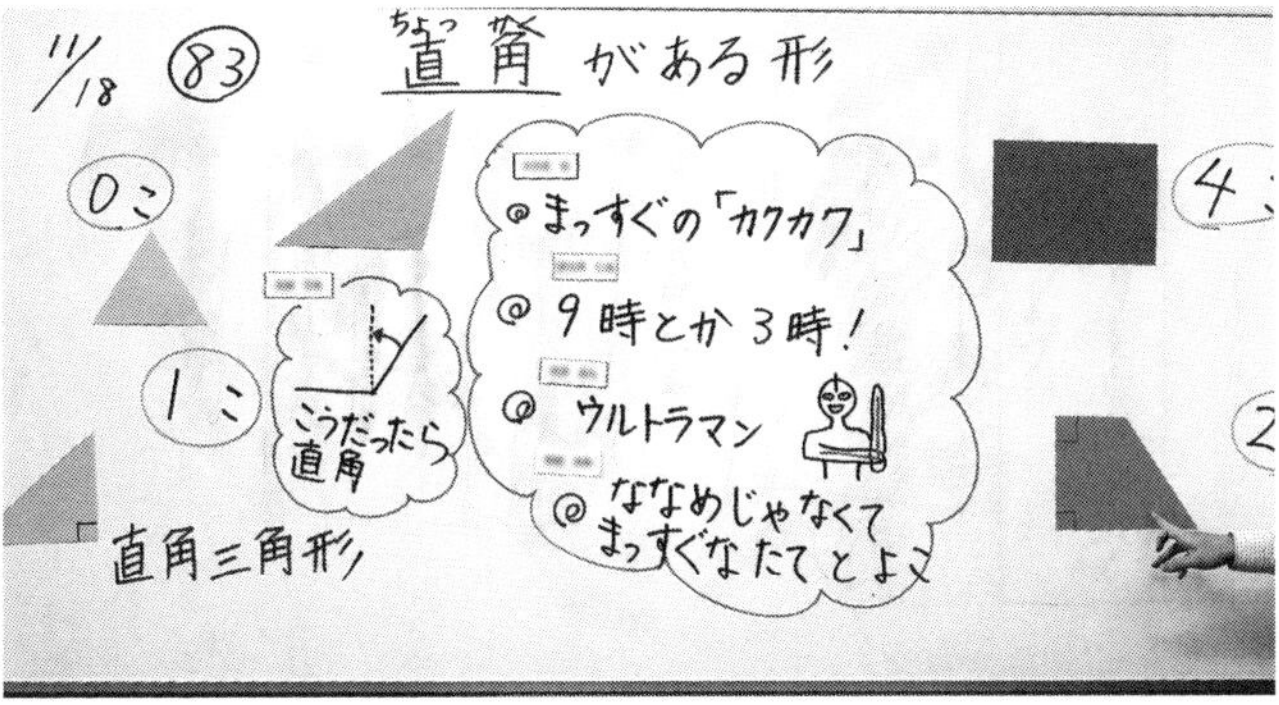

M　ウルトラマン！

C　斜めじゃなくて、まっすぐな縦と横。

子どもたちなりの直角のとらえが次々と発表され、それらを板書して価値づけていきました。聞いている子どもたちからは「うん、わかる、わかる」と共感の声。発表した子どもたちも、自分の表現が認められ、うれしそうな表情を浮かべます。

ウルトラマンのイラストを板書したことで、Mくんの学びが積極的になったきっかけの授業でもありました。

学級経営に生きる授業づくりのポイント

素直な子どもらしい感覚や表現を板書して価値づけよう。

ミニホワイトボードで子どもの学びを生かす

子どもが導き出した意見をすくい上げる板書

理科の授業では、様々な実験や観察が学びの根幹となります。そこには、誤差や個体差、条件づけの違いなどがあり、だれもが必ず一度で正しい結果を導き出せるわけではありません。

ですから、子どもの答えの正しさだけに着目すると、うまくいかなかった結果や、違う見方・考え方を弾き飛ばす冷たい授業になりがちです。そうならないためにも、子どもの学びの足跡をどうにか授業に生かしたいものです。そこで活用したいのが、ミニホワイトボードを使った板書です。何度も消せるため、子どもは安心して試行できますし、**貼りつける場所を変えることで、学びの過程のいずれかに位置づけることができる**のです。

理科

「もう1回見に行ってみればいいんじゃない？」

3年生「植物の育ちとつくり」の授業です。前時に子どもたちはホウセンカとマリーゴールドのいろいろな部分を観察してきました。今日は根について気づいたことを交流します。グループごとにミニホワイトボードを1枚ずつ使い、根の様子をかいていきました。ほとんどのグループは②のようなもじゃもじゃの根をかいていたのですが、FくんとRくんの絵だけ違っています。

「こんなに長い根っこじゃなかったよ」

「教科書に載ってる写真とも違うし」

「もしかしたら想像でかいたんじゃない？」

まわりの子どもに否定されながらも、

「違うよ、本当にこうだったんだよ」

と躍起になって反論するFくん。

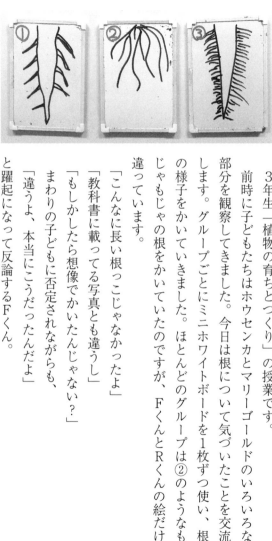

確かにホウセンカやマリーゴールドの根ではありませんし、かき間違えたわけでもないようです。どう説得しようかと口を開きかけたとき、会話を見守っているMさんが目に入りました。以前にもこういう場面でみんながなるほどと思う意見を言っていたMさんです。今回のことをどう思うか聞いてみました。

M　もう1回みんなで見に行ってみればいいんじゃない？

それを聞き、「行こう行こう」と盛り上がる子どもたち。花壇に行き、抜いたままになっているマリーゴールドをもう一度見てみます。

「やっぱり太くて長い根っこなんてないよ」

と話す子どもに対し、Fくんは、

「違うよ、これだよ」

と言って、近くにあった太い根っこを指さしました。

それは、2年生が植えていたヒマワリの根でした。すっかり枯れて倒れていたため、根っこの部分がマリーゴールドの近くに置かれていたのです。

「ああ、ヒマワリの根だったんだね」

「Fくんは、見間違えたけど、間違ってはいなかったんだ」

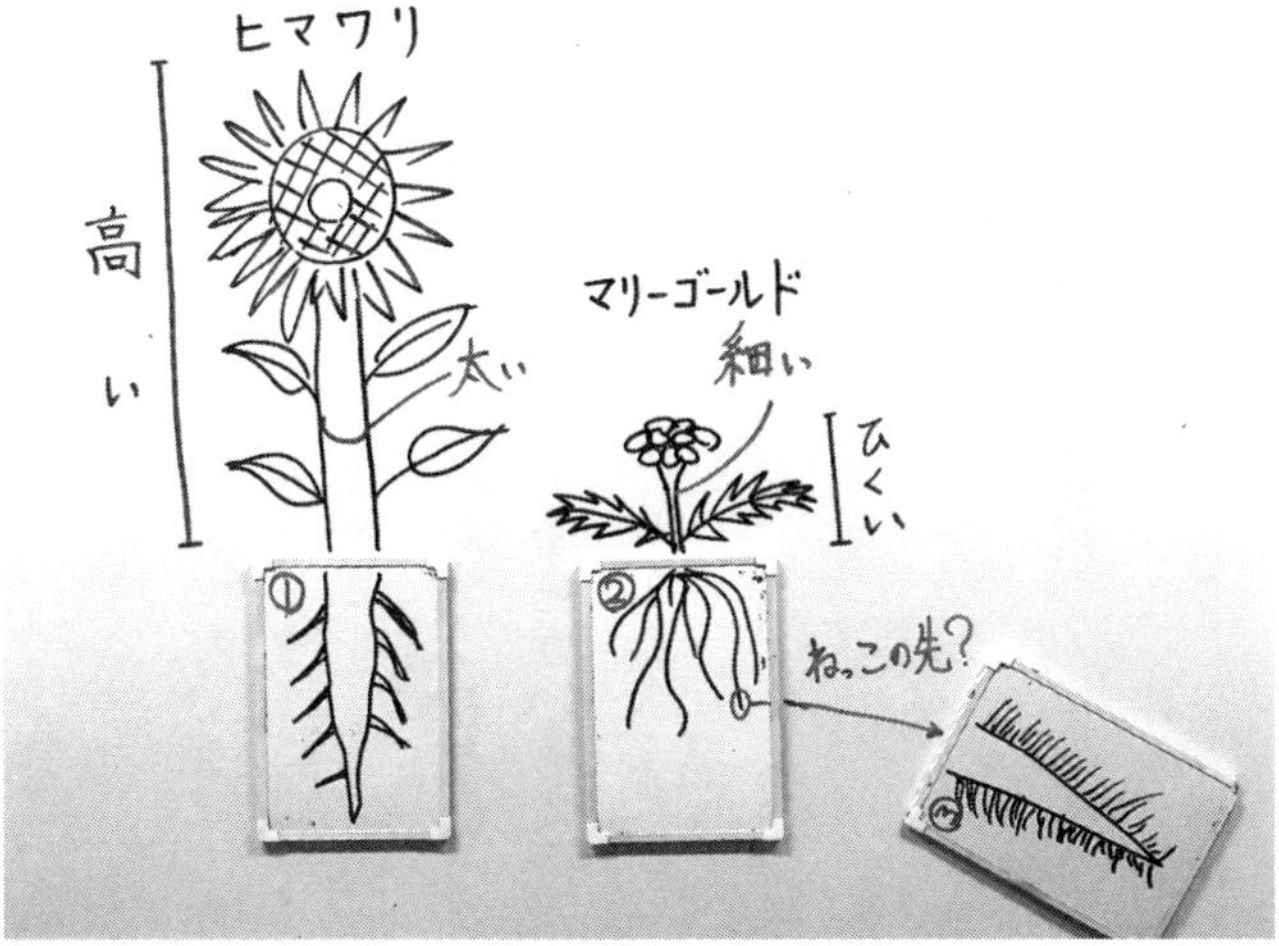

教室に戻った後、教師がFくんの根の上にヒマワリをかき足しました。対比できるようにマリーゴールドを隣にかきます。

「違いが見えるね」

「根っこが違うのにもわけがあるんだ」

「これがわかったのもFくんのおかげだね」

Fくんも満更でもなさそうです。

ここで、Mさんがもう一度口を開きます。

M　だったら、Rくんの絵にも意味があるんじゃない？

Fくんとは違って、頭の中にある根のイメージだけでかいたように見えるRくんの絵は、どの植物とも違います。しかし、友だちがかいたものを、なんとか意味づけようとしている子どもたちは、

「きっと、根っこの先を大きくするとこう見えるんだよ」

「先生、虫眼鏡を貸してください」

などと、次の学びに向かっていきました。

同じように観察した結果をミニホワイトボードにかかせたつもりでも、それぞれの子どもの見方や考え方がバイアスとなることがあります。しかし、**お互いの意見を大切にしようとする心を育てることで「そういう見方もあるかもしれない」「こうとらえれば間違いとは言えない」という柔らかい考え方ができる学級になっていく**のです。

学級経営に生きる授業づくりのポイント

お互いの考えを切り捨てずに生かす板書の使い方を考えよう。

6
章

「教材」を生かして教室に温かい雰囲気をつくる

国語

お互いの見方や考え方のよさを認め合う過程を組み込む

物語のもつ力を友だちへの理解に生かす

「ごんぎつね」の初読が終わったとき、普段あまり授業に集中していないKくんが驚いた顔で叫びました。

「えっ、これで終わり？」

まわりの子どもたちが「これしか書かれてないんだよ」「しょうがないじゃない」と説得しても、Kくんはどうしても納得しませんでした。

「これじゃあ、ごんがかわいそうすぎるよ。絶対続きがあるって」

優れた物語には、人の心を動かす大きな力があります。その感動の源泉が、どの言葉のどのような書きぶりにあるのか深く読んでいく中で、友だちの見方や考え方こそが最高の教材となります。その違いを知ることで、互いの人間性の理解につなげたいものです。

「批判的な問い」で見方や考え方のずれを生む

「ごんぎつね」のクライマックス直前を読んだとき。自分のつぐないを神様によるものと思われ、「ひきあわないなあ」と言っていたごん。しかし、翌朝やっぱりくりを持っていきます。この行動の背景にある心情を読み取らせるため、次のように問います。

T　どうしてごんは「明くる日も、くりを持っていった」のでしょうね。「ひきあわない」と思うのならば、もう止めればいいんじゃない？

C1　だって、今止めたら、今までやってきたことが損になってしまうと思います。

C2　でも、ここで止めてたら撃たれずに済んだんだよ。止めた方がいいんじゃない。

教材文に書いてあることを基に読んでいたはずなのに、いつの間にか自分の見方や考え方が混じってきます。この意欲の高さを生かしながら、教材文へと立ち返って話し合えるよう、黒板に次のような問いを書きます。

「ごんは明くる日に、くりを持っていくべきではなかった」

このように批判的に問うことで、イエスかノーのどちらかを選ばなければならなくなり、一人ひとりの立ち位置が決まります。ペアになり、それぞれの立ち位置から話し合いをす

る中で、

「なるほどね」

「そう言われればそうかも」

と友だちの側に歩み寄る言葉が生まれていきます。どちらか一方の意見を否定することなく「兵十に気づいてほしいというごんの気持ちは今まで以上に高まった」という読みのポイントを共有することができました。

個人的な問いで見方や考え方のずれを生む

しかし、主語が「ごん」である限り、その行動に対して否定的な見方が残ります。そこで、行動に至る心情の深いところまで読ませようと、次のような問いかけをします。

「あなただったら、明くる日にくりを持って行きますか」

C1　ぼくなら絶対に持って行かないよ。こんなに気づいてほしいと思ってがんばっているのに、気づいてもらえないんだもん。

C2　そっか。私だったら、逃げられるギリギリまで近づいて栗を置いて来るかな。

C3　ううん、ぼくならそれでも兵十の近くに栗を届けたい。ごんが兵十を好きな気持ちわかるもの。たとえ神様のしわざだと思われたってさ。

「自分だったら」という視点でごんの行動を見つめ直すことで、これまでにごんが置いてきた栗や松茸の位置を確認し、ごんが見つかる危険まで犯さなければならない必然性に気づくことができました。

また、ごんに寄り添った読解を進める中で、建前ではなく、お互いの本音の部分の見方や考え方を交流することもできています。**教材が本来もつ魅力を生かすことで、子ども同士が仲良くなる話し合いを行うことができた**のです。

学級経営に生きる授業づくりのポイント

教材の特徴を生かし、お互いの見方や考え方のよさを認め合う過程を組み込もう。

働く人への憧れ、その人の願い、工夫や努力を教材にすり込む

社会科で温かい学級をつくる教材には、２つの条件が備わっていることが大切です。１つは、**働く人の生き方に憧れがもてること**。２つめは、**働く人の願い、工夫や努力が考えられること**です。

Ｔ化学工業株式会社の社長が震災の人々を救う

５年生「日本の工業」の学習では、２つの条件を満たした教材として、名古屋市でプラスチックの工業製品製造を行っているＴ化学工業株式会社を取り上げました。まずは、憧れる人の存在を示します。社長であるＴさんから聞き取った話から単元の導入をしました。

次の日の12日（土）には、問い合わせが殺到しました。月曜日には当時の民主党の国会議員さんから被災地への「湯たんぽ」配送が可能かの問い合わせがありました。

他の業者は季節的に在庫がないそうです。私の工場は年間を通して「湯たんぽ」を製造していたので、20種類の販売湯たんぽを6000個(うち3000個は無料)かき集めました。さっそく春日井駐屯地から被災地である岩手県に向けヘリコプターで送ることになりました。出荷の朝は、私も従業員と共に輸送ダンボール500個に支援用シールを貼りました。それはそれは大変な作業で時間との戦いでした。

2011年3月11日(金)に起こった東日本大震災の次の日の話です。東北地方の3月はまだ暖房器具が必要です。被災地では、あらゆるライフラインがストップしました。そんな状況で、海水を温めて暖を取れる「湯たんぽ」の要請がT社長のもとにあったのです。そものをつくって売るだけでなく、世の中の人々のため行動しようとするT社長の思いや考えに子どもたちは共感し、もっと知りたいという思いを強くしました。

「湯たんぽ」の出荷個数からT社長を思う

子どもたちの目を「湯たんぽ」という工業製品に向けていきます。「湯たんぽの出荷個数」のグラフを提示しました。グラフの変化からT社長への憧れをさらに強くすることが

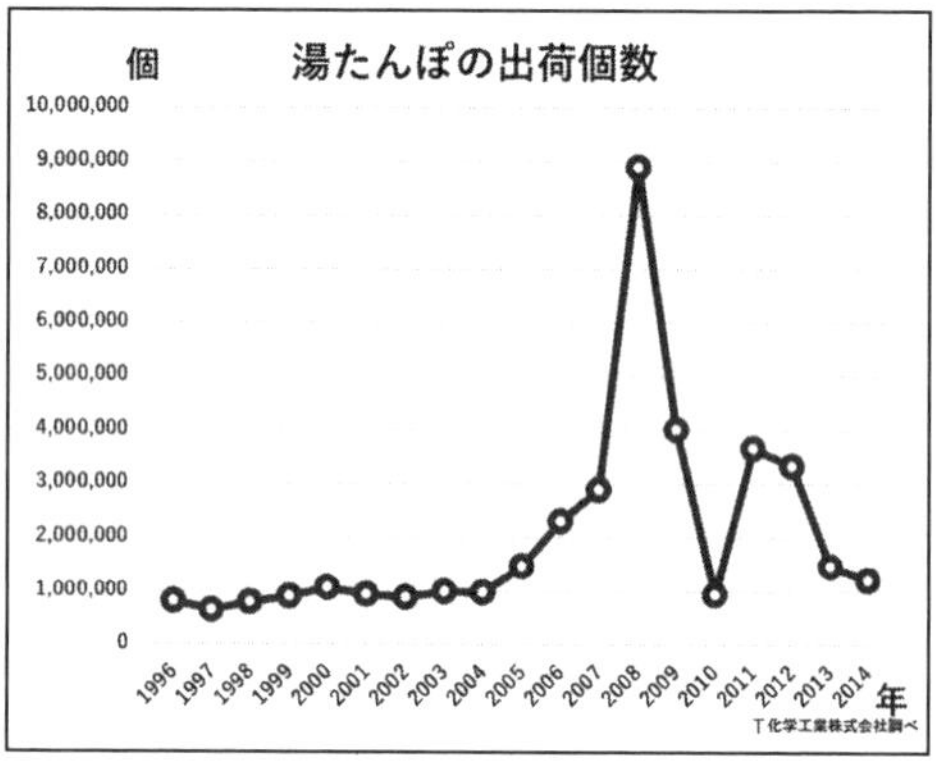

できる教材だったのです。

C　２０１１年の出荷数が伸びている。

C　T社長が東北に送った湯たんぽの数が、この中に入ってるんだ。

C　この伸びは命を救った数だよね。

さっそくこの授業の様子をT社長に伝えたところ、「子どもたちに直接その当時のことを伝えたい」という返事をいただきました。T社長が本校へいらっしゃったのです。

「湯たんぽ」にかけるT社長の願い

「T社長が本当に来るの？」

子どもたちはもう待ちきれないといった様子でした。T社長をゲストに招いた授業では、当時の話はもちろんですが、もう1つのお願いをしました。それは「湯たんぽ製造にかける熱き思いを語ってほしい」ということです。

震災によって伸びた出荷数も減少傾向になったところで、T社長は「湯たんぽの弱点を克服して、より使いやすい湯たんぽを世の中に広めたい」という願いで製品開発に取り組んだそうです。そして、「湯たんぽ」の最大の弱点であった内圧によって容器がへこんでしまうことを克服した製品を世に出したのです。

T社長は、

「この製品が私たちの生活を温かくし、命を守るんだ」

と、目を輝かせて話してくださいました。

子どもたちは、その言葉をしっかりと受け止めたようです。

学級経営に生きる授業づくりのポイント

働く人への憧れ、その人の願い、工夫や努力を教材にすり込もう。

教材のしかけで、子どもの素直な気づき・考え・思いを引き出す

算数

○○があると当たり！

4年生「垂直・平行と四角形」の授業。

本時では、これまでに学習した垂直や平行についての理解を基に、新しい四角形である「台形」や「平行四辺形」と出合うことになります。

台形や平行四辺形の概念を子どもならではの感性と表現でしっかりととらえさせていくために、次のような授業を構想しました。

授業タイトルは「○○があると当たり！」。

開始の段階では、まだ「○○」の中は明らかにしません。少しずつ授業を進めていくうちに○○が見えてくるという展開です。

代表の2人に出てきてもらいました。じゃんけんをして勝った方が次のうちのどちらか

のカードを選ぶのです。負けた方は残った方になります。

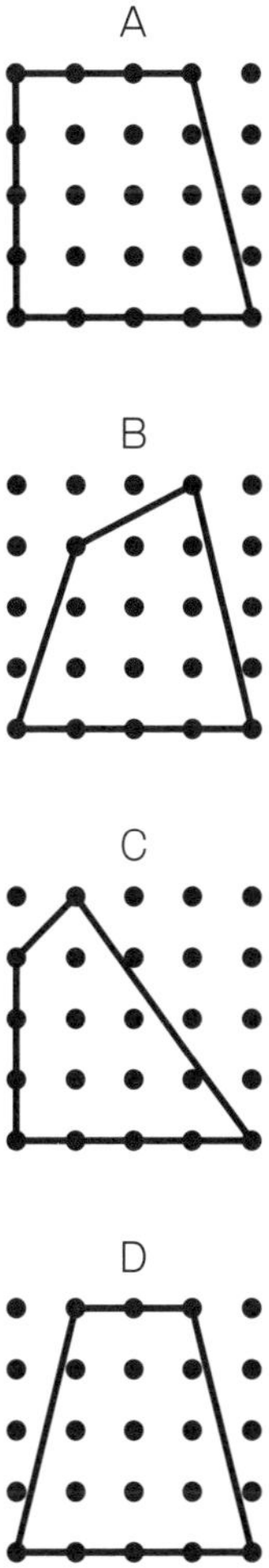

当たりはAとD。はずれた方のカードの裏には「残念。でも金曜日の給食はビーフシチユーだよ」といったおもしろいメッセージを添えておきます。

子どもたちから「○○の中、わかったよ」という声が聞こえてくるのを笑顔でうなずきながら3回目のカードを提示。当たりはEであることを確認してから理由を尋ねます。

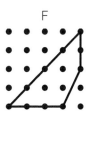

「ぼくはこう置きたいなあ…」

教師は、授業タイトルの○○の中に「平行」と書き入れ、このタイミングで、

「（当たりの）平行がある四角形の仲間を台形といいます」

と知らせました。

そして、子どものとらえを深めるためGを提示します。

G

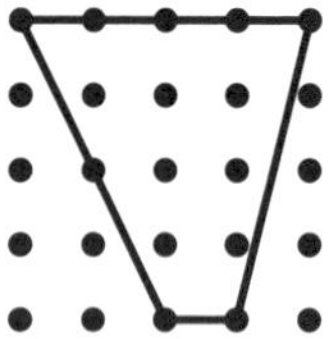

C　えっと、これは台形だよね…

C　台形だよ。だって平行があるもん。

そのときです。

いつも自分の思いを素直に表出するTくんがつぶやきました。

「でも、ぼくはこう置きたいなあ…（次ページの図）」

一瞬、迷いが生じました。

「そろそろ平行四辺形に出合わせたい」という授業者の迷いです。

しかし、子どもの素直な気持ちを大切にしたい気持ちが勝り、こう広げました。

「いいこと言うねえ。Tくんの気持ち、わかる?」

教師が笑顔になると授業はさらに活気づいてきます。

C　こう置いた方がぐらぐらしないよね。
C　下の方の幅が広い方が安定すると思います。
C　そう、「台」だからその方が乗りやすい。
C　でも、Eは幅が変わらないよ…。

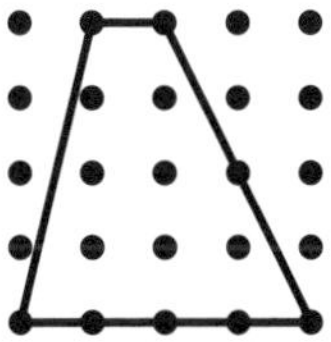

台形のイメージを子どもの素直な感覚で楽しく交流したことで、より自然に「平行四辺形」であるEに目が向いていきました。

振り返りには、「Tくんのおかげで今日も楽しく学べました」「思ったことを伝え合えて台形がよくわかりました」という感想が。また授業で学級が仲良くなりました。

学級経営に生きる授業づくりのポイント

子どもの素直な気づき・考え・思いを授業展開に生かそう。

理科

「いのち」の大切さを温かく見守る

「いのち」に真摯に向き合う学級集団をつくる

理科の授業は「いのち」を教材として見つめられる貴重な場です。ですから、真摯に「いのち」に向き合い、大切にしようとする態度をどうしてもはぐくみたいと考えます。

しかし、教師が何度「大切にしなければいけない」と言おうと、子どもが自ら感じられなければ意味がないことも事実です。

そこで、学級全体が一丸となって「いのち」と触れ合い、その重みを考えざるを得ないような場の設定を重視します。その中で**「いつも気にかけてあげないと、『いのち』はすぐに消えてしまう」**という認識と**「『いのち』を守るのは自分だ」**という自覚を一人ひとりの子どもにはぐくんでいきます。

「私も気にかけてほしいけれど…」

5年生「メダカのたんじょう」の単元。

教室でメダカを飼うことになり、どの子どもも興味津々です。

「ぼくが毎朝えさをあげるよ」

「私にもやらせて」

と、お世話をすることに前向きな姿もたくさん見られます。クラスが温かい雰囲気になるために、メダカとの出会いの場面で、気をつけていることが2つあります。

1つめが**「教師自身が一番よくメダカを見守る」**ということです。そして、ちょっとした変化やおもしろい行動を子どもに伝えていきます。

「電動ポンプから出る水から、逃げているメダカがいるみたいなんだよ」

「1匹だけ人気のあるメスがいるんだよ」

といった話をすると、教師以上に熱心にメダカを観察しようとする子どもが現れます。こうして、日常的にメダカを子どもの意識の内に置いておくよう働きかけるのです。

2つめが**「メダカに対する子どものかかわりを見守る」**ことです。休み時間のお世話の様子を見るだけでも、係への責任感であったり、メダカへの愛情であったりと、様々な内面がわかります。もしかすると、友だちとの遊びに参加できない寂しさを抱えて、1人で世話をしている子どもがいるかもしれません。

Fさんもそんな1人でした。休み時間になると水槽の前に来て、顎を両手の上に置き、じっとメダカを見ているのです。一度、Fさんにメダカが何を考えていると思うか聞いてみたことがあります。

Fさんは、

「わかんない」

とぶっきらぼうに言った後で、

「でも、私だったら、みんなに見られてイヤかもしれないな」

と言いました。

自身の学級での立ち位置を言っているようで、なんとかしたいと強く思いました。

子どもと飼育する限り仕方のないことですが、ちょっとしたアクシデントや世話の不備で生き物が死んでしまうことがあります。

ある朝、学級の1匹のメダカが腹を横にして浮いていました。

登校してそれに気づいたときから、教室はちょっとした騒ぎになりました。

「どうして死んじゃったんだろう」

「かわいそう、お墓をつくってあげようか」

全員が登校したことを確認して席に座らせ、メダカが死んだという事実を伝えました。

そして、当番以外の日もお世話をしていたSくんやUさん、自主学習でメダカの育て方を調べてきたMさんのことを伝えます。これだけ大切に世話をしてきても、1匹の「いのち」を救うことはできなかった。その責任は一人ひとりにあり、もちろん教師の責任でもあることを話しました。

そのうえで次のように問いかけたのです。

T　メダカはいつもみんなに見ていてほしいのかな?
C　見てほしいに決まっているよ。えさがほしいとか、水を替えてほしいとか…。
C　だからもう死なせないように、いつも気にかけてあげないと。
T　なるほどね。じゃあ、みんなだったらだれに見てほしいの?
C　先生。友だち。

T　みんなはそう言っているけれど、Fさんがメダカだったらどう思う？

F　私も気にかけてほしいけれど、いつもいつも近くにいられたら疲れるかも…。

子どもたちの顔にはっとした表情が浮かびました。

「そうか、ずっと見られていたらストレスになるよね」

「Fさん、すごいね。メダカにとって一番大事なことを考えていたんだね」

恥ずかしそうにうつむきつつも、ほめられてうれしそうなFさん。「いのち」を見つめる理科の教材だからこそ、Fさんのよさを広げることができたのです。

学級経営に生きる授業のポイント

教材となる「いのち」を学級全員が大切にするよう見守っていこう。

7
章

「学びの軌跡」を生かして成長を認め合う

国語

交流や振り返りのひと工夫でがんばりを認め合う雰囲気をつくる

互いのがんばりを認め合う場をつくる

国語科は、他教科に比べて単元レベルでの学びに重きを置きます。ですから、単元末の大きな言語活動を「やって終わり」にせず、「何が」「どうして」できるようになったのかをしっかり振り返らせることが、言葉の力の確かな定着につながります。この単元末の言語活動では、発表会や交流会といった友だちを相手にした表現が多く行われます。しかし、ここで**学びのよさを交流するだけでは、上手下手の評価だけで終わってしまいます。**交流や振り返りの仕方にひと工夫することで、学級に互いのがんばりを認め合う雰囲気をつくっていきましょう。

聞き手の構えを話し手側にマッチングさせる

3年「気になる記号」（光村図書）で、それぞれが書いたレポートをグループごとに発表している場面でのことです。発表が終わったばかりのEさんの表情がすぐれません。

T　Eさん、とても上手な発表だったけれど、あまりうれしそうではないね。

E　はい。私は一生懸命話したのだけれど、みんなこっちを見てくれてなくて…。

Eさんの言葉にはっとしました。発表を聞いた感想やアドバイスを付箋に書いて渡すよう指示したために、聞き手はみんな下を向いて話を聞くことになってしまったのです。

翌日、もう一度グループごとにレポートを発表することにしました。「どうしてもう一度？」と首をかしげる子どもたちに、次のことをルールとしてつけ加えることを話します。

・話を聞くときは手に何も持たず「あいづち」「うなずき」「リアクション」をする。

・話が終わったときは「工夫しただろうな」「苦労しただろうな」と思った点を発表する。

さっそく、今日のEさんは発表した後どのようなやりとりをしていたか見に行きました。

C1　（Eさんは）きっと、記号のことが詳しく載っている本が見つからなくて苦労したと思います。

E　そうそう、よくわかったね。

C1　そこだけ自分の予想が書いてあったから。でも、きちんと他の記号の意味を基にし

E　ているから、すごく工夫しているなと思いました。ありがとう。自分でもどうしたらいいかわからなくて、おうちの人に聞いたり友だちのノートを見せてもらったりして書いたの。発表できてよかったぁ。

全員の発表が終わった後、２人は笑顔でさらに感想を交流していました。そこには一番共感してほしかった、調べる過程での苦労や工夫を共有し合えたという喜びがあふれていました。

一人ひとりの振り返りを共有する

交流の後、これまでのノートを振り返りながら自分のがんばりを確かめ、文章にまとめる時間を設けました。次の文章はＥさんの振り返りです。

（略）盲導犬が入ってもよいレストランの記号について書いてある資料が全然見つかりませんでした。家の近くの図書館に行ったり、友だちに聞いたりしたのですが、どこにもなくて困りました。家の人と相談して、自分はこう思うという予想を書くことにしました。調べたことではないので友だちに発表するとき緊張したけれど、予想の方がわかりやすかったよと言われてうれしかったです。（略）しっかり目を見て聞いてもらえたので、練習よりもうまく発表できた気がします。

Eさんの振り返りを学級で紹介すると、

「Eさんはそんなにがんばっていたんだ」

「実はすごく苦労したレポートだったんだね」

といった反応が返ってきました。何事にもコツコツと真剣に取り組むEさんのよさが報われた瞬間でした。

友だちが振り返った内容を全員で共有することは、困ったときや苦労したときにどのように解決すればよいかという方策のモデルになります。もちろん、困ったり苦労したりしている友だちの姿に寄り添う、温かい雰囲気を育てることにもつながります。

学級経営に生きる授業づくりのポイント

互いが学びの過程でがんばったことに焦点が当たる振り返りをさせよう。

友だちが登場するノートをつくる

子ども一人ひとりの学びの道筋が残るものと言えばノートです。学級の学びは友だちとつくり上げるものです。友だちの見方や考え方を自分のノートに記し、その結果、自分がどのような学びに至ったのかが見えるノートづくりをしていくと、互いの見方や考え方を尊重し合える学級が築かれていきます。

時系列でメモをとる

メモにまとめることは低学年の国語科で指導されますが、友だちの言葉をメモしながら聴くという行為には訓練が必要です。

はじめは時系列でよいので友だちの名前と発表内容をメモします。次ページのノートは、4年のゴミの学習で、牛乳パックのリサイクルがなかなか進んでいないことを話し合っているときのKくんがメモしたノートです。授業記録といってもよいでしょう。

○○：2001と2002は変化なし
○○：場所わからん
○○：いしきがひくい
○○：○○さんと同じ
○○：ポスターとかだしてない、
○○：めんどくさい、
○○：○○くんと同じ
○○：○○と○○をくっつけた
○○：しようと思う人がいない
○○：回収する。トイレットペーパーがなくなる。
○○：○○○と同じ
○○：同じ する
○○：別に同じ？？？ する
S：エコ する
○○：めんどくさい やらない
U：やる エコ

ここで、大切なことは、**Kくんのがんばりを教師が称賛する働きかけをする**ということです。

「牛乳パックの回収を面倒だと思わずにやるといった友だちがいたね。Kくんはだれだったかわかるだろう」

Kくんは、ノートを振り返りながらSさんとUくんであることを答えます。自分の発言を友だちのノートにメモしてもらえていたSさんとUくんは笑顔です。メモをとるということは、友だちを認めることであることをKくん、Sさん、Uくんの姿から学級全体に浸透させていきます。

必要なときにメモをとる

次は必要に応じてメモをとる習慣を身につけ

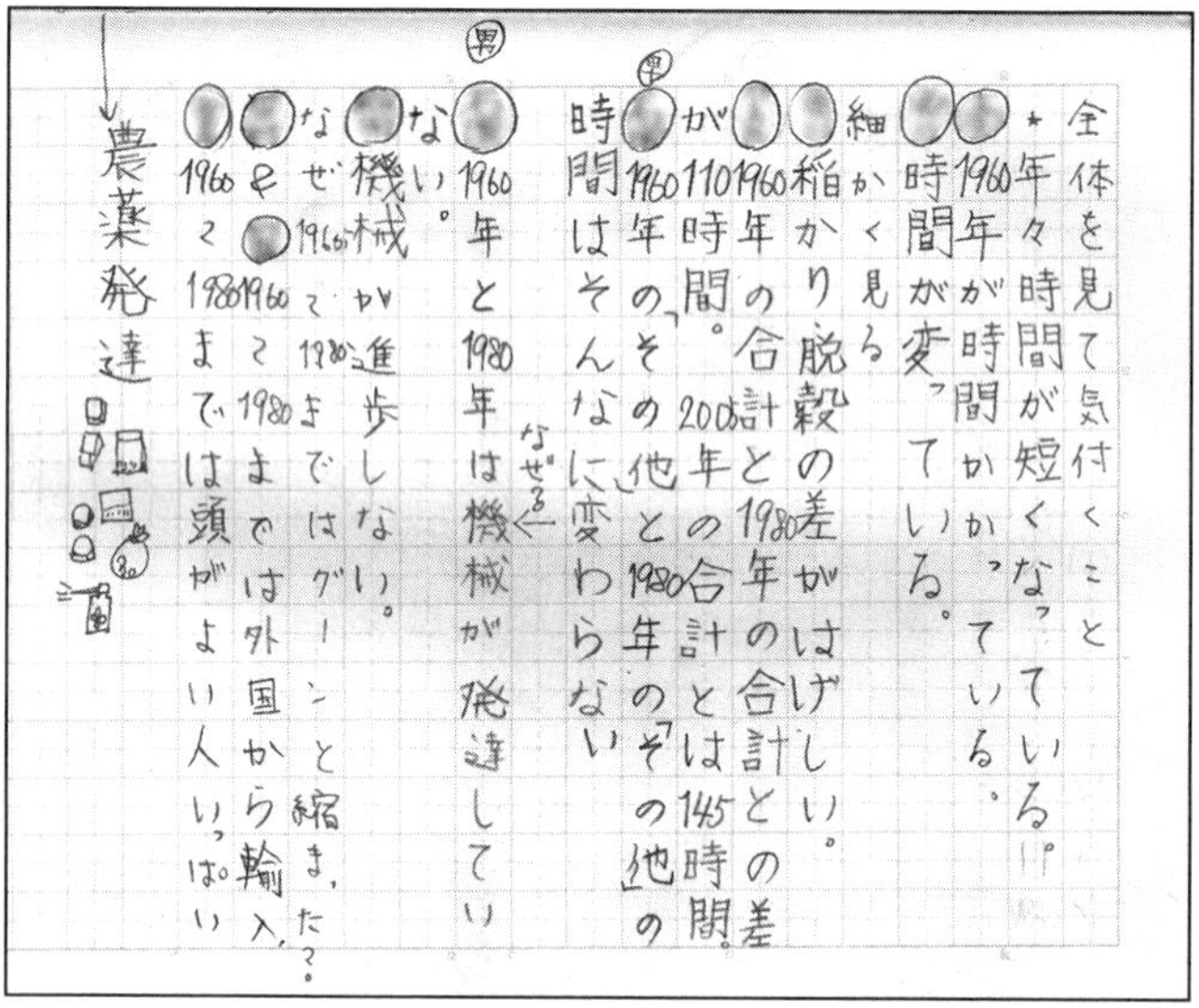

る指導をしていきます。**「必要に応じて」とは、自分が、「なるほど！」「おかしい？」と感じたときにメモをとることであると教えます。**ノートは、日本の米づくりが機械化によってどのように変わってきたのかをグラフを基に話し合ったときのSさんのものです。

「全体を見て気づくこと」「細かく見る」「なぜ？」「なぜグーンと縮まった？」という見出しのもとに友だちの考えがメモされています。

友だちの見方や考え方をつなぐノート

最終的には、友だちが発言した内容を「似ている」「同じ」「ちがう」といった言

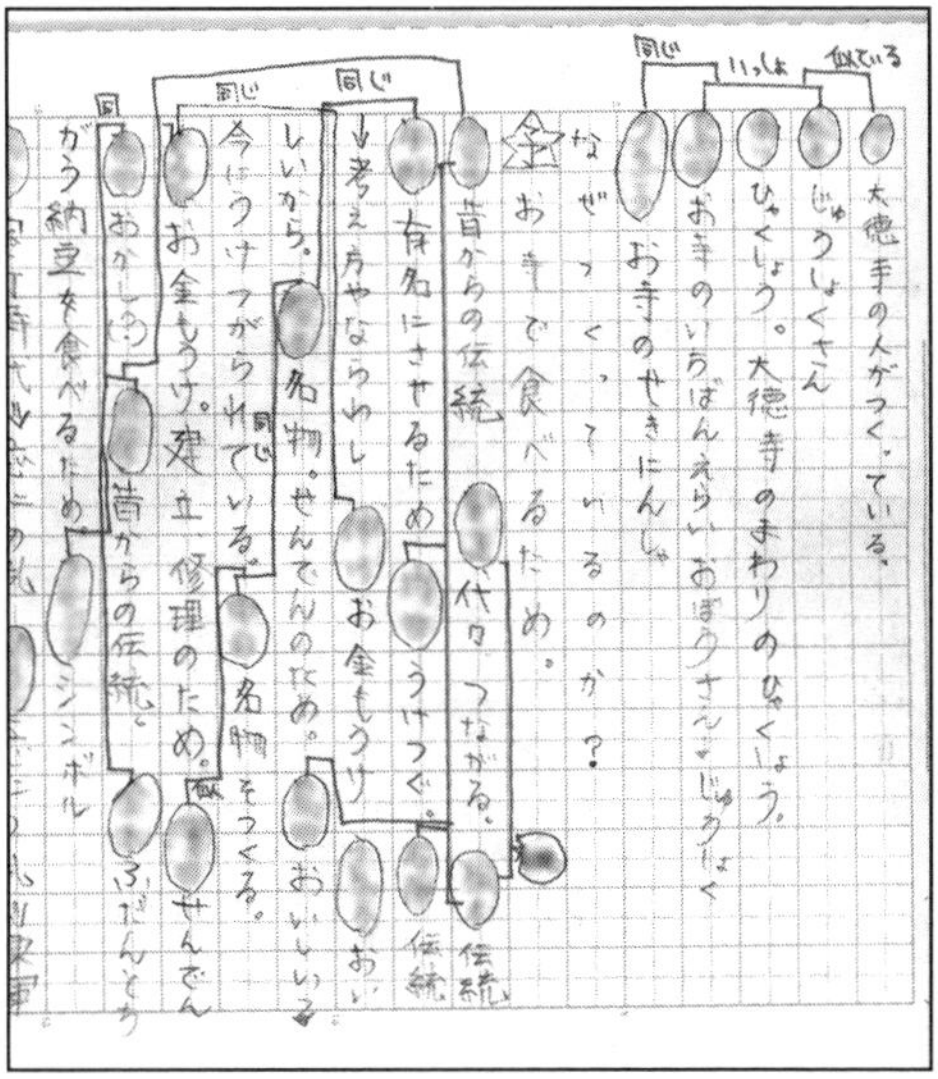

葉でつなぎます。すると、一人ひとりの見方や考え方がわかってきます。このことは友だちを理解することにつながり、尊重し合う学級を築き上げていきます。

学級経営に生きる授業づくりのポイント

友だちを認めるノートづくりで、尊重し合う学級をつくろう。

「○○さんの方法」を学級の文化にする

「○○さんの方法」の積み重ねが温かい学級をつくる

　筆者がよくほめる子どもの発言に**「○○くんが言ったように…」「○○さんの方法を使うと…」**があります。これらの言葉からは、友だちの学びに価値を認め、授業でつくられてきた学級の文化を大切にしていることが伝わってくるからです。授業を通してどれだけ『○○さんの方法』が生まれたか」ということは、温かい学級になっているかどうかのバロメーターとも言えるでしょう。

　同時に、子どもの素直な気づきや表現に価値を見いだそうとする意識と、子どもの学びの傾向や積み重ねをとらえておくという役割が教師に求められます。

　次に紹介するのは「○○さんの方法」を大切にした5年生「三角形の面積」の授業です。前時で共有された3つの求積方法を基に、計算で面積を求め、公式につなげていきます。

算数

〈Hさん〉

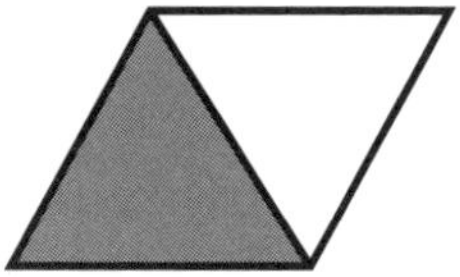

〈Sさん〉

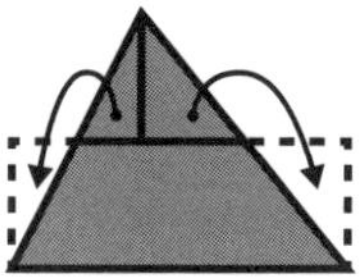

〈Aくん〉

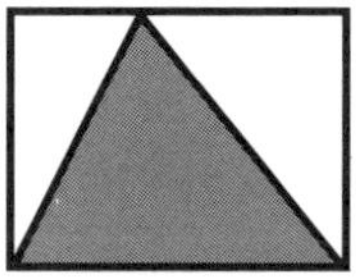

それぞれ「だれの」「どのような」方法だったかを確認しながら丁寧に導入しました。

そして、もとの三角形を提示し、次のように発問します。

「どこの長さが知りたいですか？」

「ここと、ここが知りたいです」

上のように、「2つの長さがわかれば計算ができる」と子どもたち。

数が示されるやいなや、すぐに計算を始めました。あちこちから「12㎠」という声が聞こえてきます。

それぞれの方法について計算の式を発表してもらいました。

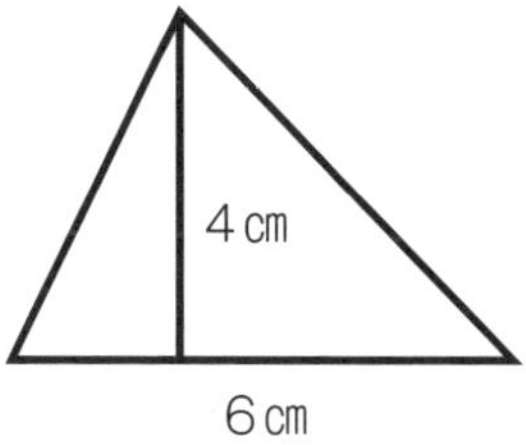

〈Hさん〉
6×4÷2
＝24÷2
＝12（㎠）

〈Sさん〉
6×2＝12（㎠）

〈Aくん〉
6×4÷2
＝24÷2
＝12（㎠）

子どもの求積方法を生かして公式に

先ほどの線分をそれぞれ「底辺」「高さ」と知らせ、いよいよ自分たちの計算式を公式にしていきます。
そのとき、日ごろから自分の納得を大切に学びを重ねているRくんが、次のようにつぶやきました。

「Sさんの方法には、ないんだよなぁ…」

T　どういうことかな？
C　「÷2」がないということ…？
C　いや、あるよ！
C　Hさん、Aくんの「÷2」は「面積の半分」だけど…。
C　Sさんの「÷2」は「高さの半分」、6×（4÷2）という式があるんだよ！
C　なるほど！　それなら公式にできるね。

公式をすでに知っていた子どもも少なくありませんでしたが、Sさんの考えを大切にしたRくんのつぶやきが、「自分たちで導いた公式」に高めました。

学級経営に生きる授業づくりのポイント
子どもの素直な気づきや表現に価値を見いだそう。

理科日記の活用でお互いの成長を認め合う

見方・考え方を整理し、友だちの学びのよさに気づかせる

理科の実験は好きだけれど、どんな実験をすればよいのかを考えたり、実験から何がわかったのかを整理したりすることが苦手だという子どももがいます。

そのような、予想やまとめといった各々の活動で困っていた自分の姿も、単元が終わって振り返れば「なんであんなことで」と小さなことに思えるはずです。

そういった単元の中で成長する自分を実感させるためには、毎時間の終わりに書かせる「理科日記」が効果的です。ただし、自分が何を感じ考えていたかは意外に書きにくいものなので、**友だちのよい姿を取り上げながら書かせるようにします。**この日記の活用が、互いの成長を認め合うことにつながるのです。

理科

単元の導入

6年生「水溶液の性質」では、単元の導入で数種類の無色透明の水溶液を用意し、子どもたちにどうすればそれぞれの名前がわかるのかを考えさせます。もちろん、はじめて名前を聞くような水溶液もあり、どうやって調べたらよいのかもわからない中でのスタートです。

「においがあるものとないものがありそう」
「蒸発させてみたらどう？　海水みたいになにか残るかも」
「舐めたらわかるんじゃないかな」

生活体験や既習事項を生かして水溶液の分類ができるのではないかという期待は、これから進めていく単元の見通しをもたせ、学習のハードルを下げることになります。安全面に最大限留意しながら、子どもたちの自由な発想を取り入れた課題解決のための授業の流れ（水溶液の仲間分けができる実験）を組んでいきましょう。この時間、Uさんのノートには、次のような理科日記が書かれていました。

Ａくんが水溶液を紙の上に垂らして、蒸発させれば何か残るかもと言っていました。私はいいアイデアが浮かばなかったので、「さすがＡくん」ととても感心しました。

単元の終末

単元の最後に、学習で学んだことを生かし、導入時に見せた数種類の水溶液（水も含む）を見分ける活動を行います。ただし「できるだけ少ない実験の数で見分けるようにすること」という条件をつけます。

そして、グループごとに実験の手順を話し合わせました。

Ｃ　最初に酸性か中性かアルカリ性かを調べたらいいんじゃないかな。

Ｃ　それだと、次の実験で３回分の手順が必要になるよ。

どのような手順で、どの水溶液が判別できたのかを、グループごとに工夫して表すように促します。

Ｕさんは記録者として、次ページのようなフローチャートを使うことにより、実験回数や手順をわかりやすくまとめていました。

この日のUさんの理科日記です。

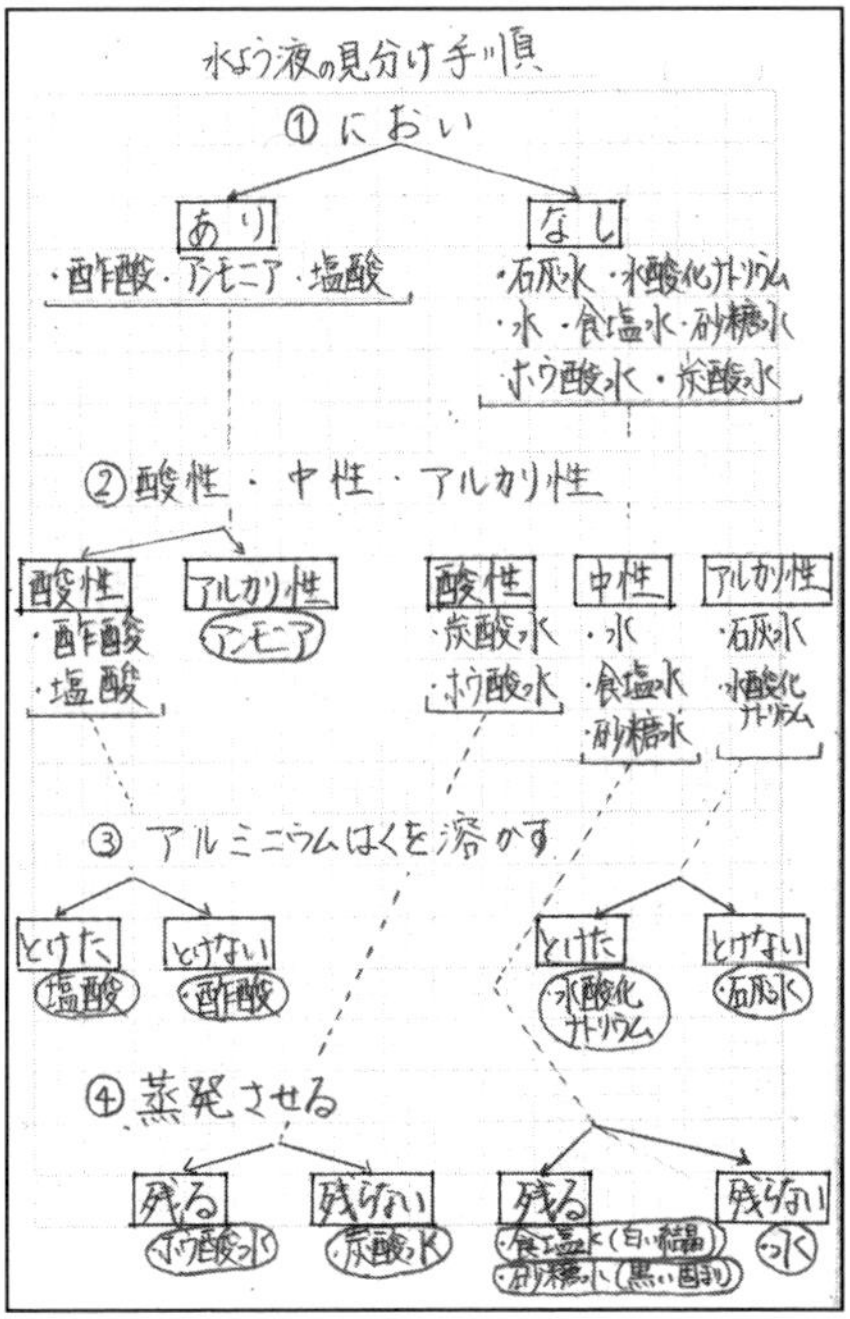

今日は、みんなすごいアイデアをたくさん出してくれました。私は実験ではあまり役に立たなかったけれど、さくらんぼの図（フローチャートのこと）を使ってまとめたのがうまくいきました。これさえあれば、水溶液の学習はこわくありません。1時間目の

何も思いつかなかった自分に、見せてあげたいと思いました。

Uさんが感じた自らの成長への気づきをクラス全体に広げたいと思い、**1時間目から本時までの理科日記を抜き出して紹介しました。**

名前が出てきた子どもは、自分がUさんからどう思われていたかを知り、うれしそうにしています。そして、Uさん自身に対しても、

「どんどん水溶液に詳しくなっていくのが、よくわかったよ」

「Uさんみたいに丁寧に見てくれる人がグループにいたらいいなぁ」

といった称賛の声がたくさん上がりました。

学級経営に生きる授業づくりのポイント
累積的に記録できる理科日記を生かして、お互いの成長を認め合わせよう。

8
章

「日常生活」で見取った子どものよさを生かす

子どもの何気ない言葉を大切にする

授業と生活をなぜつなげる？　どう生かす？

国語科は、言葉を扱う特性上、子どもの日常的な言語活動をすべて教材にすることができます。そこには、学校生活で見つけた言葉のよさを授業に生かすことと、授業で育てた言葉の力を学校生活で見取ることという双方向の視点があります。

では、なぜ授業と生活の両方で子どもの言葉を大切にすることが学級づくりにつながるのでしょう。1つは**学級内での存在を認めることになるから**です。自分が発した言葉を取り上げられるのは、子どもにとって大きな喜びです。もう1つは、**友だちへの興味・関心を高めることになるから**です。お互いのよさに気づくことは、人間関係を深める大きなきっかけとなります。

国語

日常の言葉を教材に生かす

Aさんは学級では目立ちませんが、いつも友だちが何をしているのかを気にかけているやさしい子どもです。ただ、文を書くことを苦手にしていて、作文の時間が始まっても15分間はじっと動きません。しかし、書き上げた文にはいつも彼女らしいやさしさがにじみ出ています。

ある国語科の時間「先生のおすすめ作文だよ」と言いながら、だれが書いたかを伏せてAさんの日記を読みました。お母さんが風邪をひいてしまったため、妹と2人でご飯をつくったりお風呂を洗ったりしたことを「てんてこまいでした」とまとめている日記です。読み終わると、聞いていた子どもたちから「大変だったね」「やさしい子だね」「『てんてこまい』ってどういう意味？」といった言葉が口々に飛び出してきました。

その後、わからないという子どもが多かった「てんてこまい」の意味を教え、全員で短文づくりをしました。「宿題が多くててんてこまいだ」「猫が逃げ出しててんてこまい」など、いろいろな文例が出て、子どもが納得したところで、日記の作者であるAさんの名前を出しました。「えーっ」と「やっぱり」の声が半分ずつ上がる中、「お母さんのためにがんばるなんて、Aさんはやさしいね」「お母さんのやっている仕事を全部やるなんて、そりゃてんてこまいだったよね」といった感想が出ました。人柄と書きぶりの両方を称賛されて、Aさんは、はにかみながらもうれしそうにしていました。

友だちとのやりとりから学びの発露を見つける

Cくんは明るくさっぱりとした性格なのですが、友だちに注目してもらおうと後ろからくすぐったり、遊びのじゃまをしたりと、ちょっかいを出すことがよくあります。ある日、それを見かねたDさんがあきれたようにこう言いました。

「ちょっとCくん。かまってほしいからってそういうことやったらあかんよ。悪いことやって喜んでるなんて、いたずらしていたごんと一緒じゃないの」

教師は「うまいことというなあ」とつぶやき、周囲の耳目を集めた後、事の成り行きを見守ります。すぐには意味がわからなかったCくんですが、先日学んだ「ごんぎつね」のことだと気づくと、口をとがらせながらこう言いました。

「ごんだってちゃんとつぐないして、いいきつねになったじゃないか」

そのやりとりを笑顔で見守り、帰りの会で学級全体に紹介しました。

「Dさんのように、学習したことが使いたい場面でぽんと出てくるのは、自分の中に消化されている証拠だね。Cくんもごんのことを思い出して素直に受け止めていたよ」

若干よい姿で紹介されたCくんは、まんざらでもないような顔で教室を見回します。教室に温かい笑いが広がっていきました。その後しばらくの間「いたずらするごんみたい」「改心したごんみたい」という言葉は教室の中で使われていくことになります。

AさんやDさんのような、国語科の学びにつながる言葉を見つけるためには、いつも子どもと一緒にいるだけではなく、**常に子どもの言葉を国語科の窓から見ておくことが大切**です。日常生活に現れる子どもの声に、優しい授業のヒントが隠れているのです。

学級経営に生きる授業づくりのポイント

子どもの言葉がどの背景と結びついているのかを確かめるアンテナをもとう。

子どもの「はてな?」を授業に生かそう

追究の鬼を育てた有田和正先生は、日常生活の中で、子どもの鋭い発見力をユニークな表現活動を交えて育てました。社会科は日常生活とのかかわりが深い教科だけに、**子どもの目線で「おかしいな」「なぜだろう」と感じた事象を授業内容と結びつけることが学級を活気づけることにつながります。**

地域の出来事から

本校前の北大路通りは、大変交通量が多い道です。歩道は広がらずに2列で歩くきまりになっています。

3年生になった子どもたちは、学校のまわりの様子を調べながら地図記号を学んでいました。地域への関心が高まっていたこともあったのでしょう。Dさんは、帰りの会でこんなことを言いました。

「2列で歩いてもコーヒー屋さんの前は危ないよね」

理由を尋ねると自転車が歩道にいっぱい停まっていて、人や自転車とすれ違うのに危ないと言うのです。

「先生なんとかして」

という声が上がります。

本当かどうか証拠写真を撮ることになりました。写真判定の結果から問題だということになりました。そこで地域単元に「安全なまちを考えよう」という時間を設定しました。

子どもの「はてな?」を教材化する

まずは、子どもの「はてな?」が単元のねらいに迫れるかを検討します。次に、迫るための教材を準備しましょう。

筆者がそろえた主な資料は次の通りです。

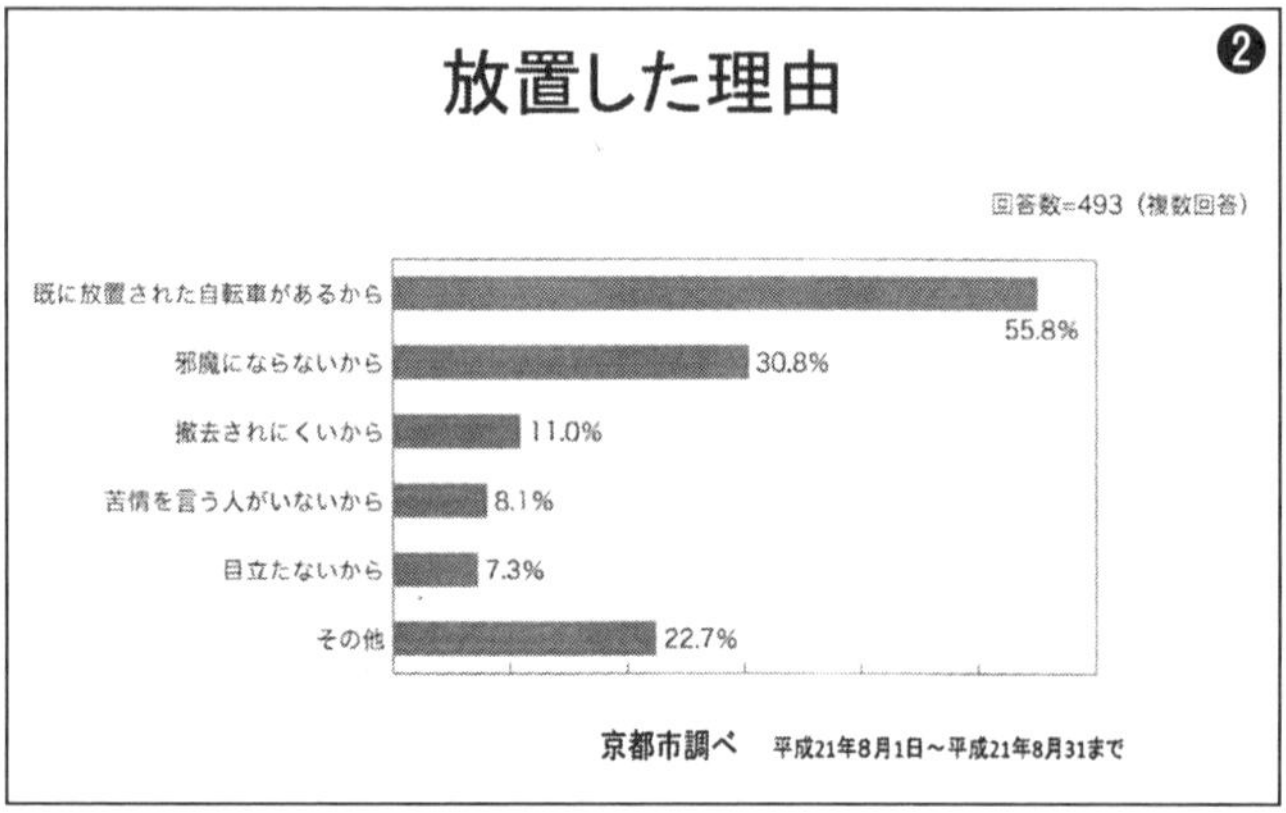

❹

平成24年　宝が池保管所撤去自転車数と処分内容

（9月22日現在）

宝が池保管所調べ

24年度	繰越	4月計	5月計	6月計	7月計	8月計	9月計
撤去台数	528	837	809	812	830	806	578
返還台数		653	522	574	520	628	374
破砕台数		183	237	228	195	192	149
売却台数		28	60	27	31	39	56
盗難台数		17	1	40	8		
はがき台数		270	233	277	201	352	187

「はてな？」から新たな「はてな？」が生まれる

Dさんの「危ないよね」から「なぜ自転車を停めているのか」「停めてよいのか」という問いを引き出しました。そして、駐輪禁止の写真❶の提示です。駐輪の事実を知った子どもたちからは「なぜ停めるのか」という声が上がりました。駐輪する人の気持ちを考えたうえで資料❷「放置した理由」のグラフを見せます。「やっぱり」「だめだよね」という声から安全なまちづくりへの関心が高まってきていることが見て取れます。ここで、教師が「放置自転車はそのままなのか」と、問いかけると数名の子どもたちから「トラックに積み込まれるのを見た」という話が出ました。ここで、資料❸❹の提示です。**「だれが運んだの？」「集めた自転車はどうなる？」**と様々な「はてな？」が飛び交います。Dさんの「はてな？」が、友だちの新たな「はてな？」を生み出し授業が展開していきました。

学級経営に生きる授業づくりのポイント

1人の「はてな？」から学級全体に「はてな？」を広げていこう。

子どもが広げ、深めたことを次の授業の教材にする

「6の段になったら、みんな驚くだろうなあ…」

「6の段になったら、みんな驚くだろうなあ…」

忘れられないTくんの言葉です。

2年生のかけ算の学習で、子どもたちに「九九時計」と出合わせました。九九時計をかくには、まず、円周上に9つの点を打ち、0~9の数を記入します。この図に九九の答えの一の位を当てはめていきます。2の段の九九の答えは「2、4、6、8、10、12、14、16、18」、だから一の位は「2、4、6、8、0、2、4、…」となります。それらを線で結ぶと正五角形になるのです。これまで5の段から2の段、3の段、4の段と学習してきました。

それぞれ異なる模様になるのですが、6の段ではじめてのこと（前に学習した段と同じ

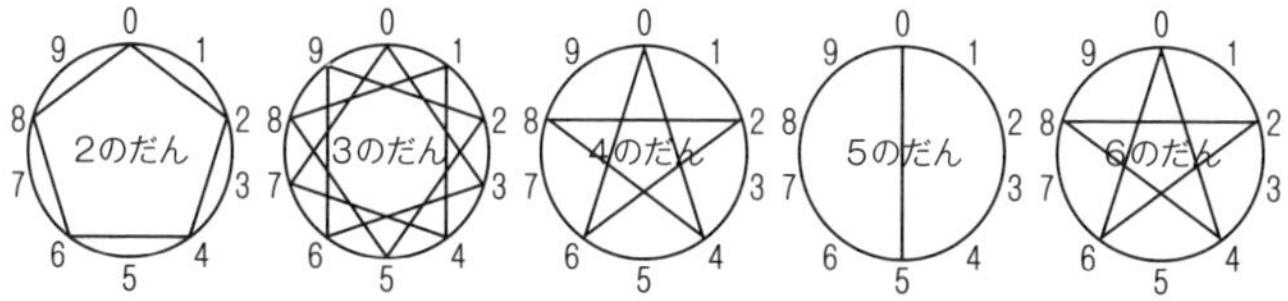

形の模様がはじめて表れる）が起こるのです。Tくんに聞くと授業で学習した後、家で確かめたのだそうです。

これまでのTくんなら、「早くみんなの前でそのことを発表したい！」という気持ちでいたでしょう。その気持ちは少なからずあったと思いますが、**「みんな驚くだろうなあ…」と友だちが気づいていくことに喜びを感じている**のです。

そのひと言から、次のような成長を感じることができました。

・自ら学びを進める態度
・算数のもつおもしろさ・美しさを感じる心
・九九から見いだした関数的な考え
・これから共に学ぶ仲間の感動を大切にする大きな構え

関心・意欲・態度の評価には

通知表などで、子どもの「関心・意欲・態度」を評価する視点として、「授業中の子どもの発言、聞く姿、挙手の回数、自己評価、丁寧なノート」などがあげられるでしょう。子どもの内面の評価を含め、それで十分だと思いますが、前述のTくんの学びの姿を評価しない手はありません。授業外で学びを広げ・深める姿は、紛れもなく教科の学習に強い関心があり、意欲的に調べようとしていることの表れです。

そんな姿を期待し、評価を積み重ねることで、学級に学びを広げ・深める姿を増やしてきました。

九九表の4つの角を…

同じくかけ算の単元で、「九九表のきまり」を学習したときのことです。

数人の子どもが家で、九九表のきまりを見つけてきました。そのいくつかを次の授業の教材にして、子どもたちに紹介することにしました。

T　Mくんが家に帰ってからも表を調べて、おもしろいきまりを見つけてきたよ。九九表の4つの角をね…

C　えっ、1と9と9と81だから…

C　全部合わせると100になるよ。

C　本当だ、おもしろい！

1								9
	4						16	
		9				21		
			16		24			
				25				
			24		36			
		21				49		
	16						64	
9								81

C　あれっ、その中も100になるよ！
C　4＋16＋16＋64＝100だ！
C　うわあ、25にすいこまれる～！
C　Mくん、すごいきまり見つけたね。

きまりを見つけてきたMくんは終始笑顔。
TくんとMくんの姿から「学びを広げ、深めよう」という思いを、学級全体に高めることができました。

学級経営に生きる授業づくりのポイント

「子どもが広げ、深めたことを次の授業の教材にしよう。」

理科

生活と授業を自らつなごうとする姿を価値づける

学びに向かう意欲を引き出す価値づけ

理科で大切にしたい見方・考え方は、日常生活の中でこそ培われます。だからこそ、日常で出合う事象を主体的に見ようとする意欲は、授業の中で高めたいものです。

しかし「やりなさい」と言われても動かず、「おもしろい」と思うことではじめて一歩を踏み出すのが子どもです。授業の中でいかに子どもの「～たい」を生み出せるかが、教師の腕の見せどころになります。

そこで、子どもをどう価値づけるかに心を配っています。**友だちのよさを認め、自分もそうなってみたいとまわりの子どもに思わせるような言葉や態度で価値づけることが、日常的な学びへと向かう意欲につながる**のです。

自ら新しい学びを追い求める意欲を価値づける

5年生で天気の学習をしていたときのことです。

天気が西から変わること、雲の形と天気には関係があることなどを学んだ後、Rさんが外を見ながら問いかけました。

R　ねえねえ、遠くに黒っぽい雲があるけど、これから雨が降るのかな?

「天気予報だと明日まで晴れだよ」

「でも、あの雲は雨になるんじゃない?」

「横の雲は白いから大丈夫だよ」

友だちからは様々な反応がありましたが、Rさんは納得していません。

次の日の理科の授業で、Rさんは家で調べてきたことを発表しました。

R　黒い雲は、太陽の光を遮るぐらい分厚いからです。分厚いのは、これから降ろうとしている雨粒がたくさん混じっているからです。だから、黒い雲が見えたらすぐに雨が降ります。

それを聞いた子どもたちは、自分の目で確かめようと窓のまわりに集まります。

「本当だ。東にあるのは黒い雲だ」

「昨日の雨はあの雲のせいなんだね」

筆者は、Rさんの自ら課題を見つけ主体的に調べようとする意欲の高さを広げたいと思い、こう価値づけました。

T　Rさんは自分から「はてな?」を見つけて、「わかった!」になるまで調べたんだね。その真剣に学ぼうとする気持ちは、天気の研究者と同じだよ。

子どもたちから大きな拍手が起こりました。

「家でも調べようとするところがすごいなぁ」

「運動会の前の日に雨が降るかどうかわかりそう」

そんな声に混じって、一番前の席に座っているKさんが小さくつぶやく声が聞こえました。

K　雲ってすごいな。今までは、よくわからないから苦手だったけど、Rさんみたいに私も調べてみたいな。

苦手なものに挑戦し続ける態度を価値づける

それから2か月。

夏休みも近づいたある日の理科で、Kさんが、

「みなさん、天気について調べてきたことを聞いてくれますか」

と言って話し始めました。

普段あまり人前で話そうとはしないKさんだけに、みんなが驚きました。

Kさんは毎日、新聞に載っている天気図を丁寧に記録すると共に、積乱雲や乱層雲の上の方は水ではなく氷でできていること、年々台風が激しくなっているのは夏の猛暑が原因であることなどを調べていました。

天気のことはよくわからず苦手だと言っていたKさんが、毎日記録写真を撮り、細かい雲の種類まで観察するのはさぞ大変だったろうと尋ねると、

K　Rさんが、雲のことを詳しく調べていたでしょ。それを聞いて、たくさんの不思議があっておもしろいなと思ったんです。でも、毎日見るのは大変だったなぁ。

ちょっと照れ笑いをするKさんに、クラスみんなから称賛の拍手と声が送られました。

その中で一番大きな拍手をしていたのがRさんです。
筆者は、Kさんに次のように声をかけました。

T　友だちのよい姿を見て、自分もがんばってみようと思える素直さが、Kさんの一番すごいところだね。これから苦手なものがあっても、あなたならきっと大丈夫だよ。

学級経営に生きる授業づくりのポイント

日常生活での気づきやがんばりを見取り、授業の中で丁寧に価値づけよう。

9
章

授業の充実で「家庭」とつながる

子どものよい学びの姿を家庭にたくさん伝える

保護者に伝える材料を積極的につくっていく

互いが認め合う、温かい雰囲気の学級をつくるためには、家庭の協力が欠かせません。担任の学級経営や指導の方針が保護者に共有されていれば、家庭でのフォローが加わるため、子どもへの働きかけの効果がぐんと高まるからです。

また、保護者にとって我が子の成長は何よりの喜びです。ですから、保護者には小まめに、その子に特化した情報を伝える機会をつくることが大切です。**電話のついでに、連絡帳の隅に、来校した折に、子どものよい学びの姿をたくさん伝えていきましょう。**そのためには、毎日のように授業があり、多様な領域の学びがある国語科の授業が格好の情報収集の場となります。

国語

電話で伝えるなら「授業中の主体的な姿」

放課後、明日の持参物や生徒指導の報告などで家庭に連絡する機会がよくあります。その際、今日の国語科の授業でがんばっていた姿を伝えましょう。

「教室の前に出て、はずかしがらずに堂々と段落の構成を説明していましたよ。友だちの顔を見回しながら話していたので、ぜひ真似して話すようみんなに伝えました」

「漢字の練習の時間には、はねやはらいに気をつけて、一文字一文字丁寧に書いていたので、たくさんほめました。少しずつ集中して書けるようになってきていますね」

「話し合いの司会として、何を話せばよいかわからない友だちに優しく呼びかけていました。言葉と方法を変えて粘り強く声をかける顔がとても真剣でしたよ」

電話でのやりとりには、**親しい雰囲気で話せる、細かいニュアンスが伝わるといったよさ**があります。ですから、授業中の話したり聞いたりする姿を取り出して、いきいきと伝えることができます。そのためにも、国語科の授業中の言語活動の様子をしっかりと見取り、価値づけておくことが必要です。**「きれいな字」「迫力のある音読」といった子どもへの称賛や承認の行為は、教師にとってもエピソードを覚えておく効果的な方法となる**からです。また、どの子どもの保護者にもいきいきとした子どもの活躍を伝えるには、一人ひとりが生かされ、教師がそれを見取り価値づける場面を増やさなければなりません。子どもの主体的な活動の時間を増やし、教師の話す時間を減らす授業への転換を意識していきましょう。

連絡帳で伝えるなら「言語活動の足跡」

日々の宿題や持参物をメモさせるだけでなく、忙しい家庭への連絡ツールとしても連絡帳は有効です。国語科の言語活動で子どものがんばりや成長が見られた日には、一言でも二言でも連絡帳に書くことが学びの足跡の累積になります。

「作文に『身近な人への感謝の言葉をしっかりと声に出していきたい』と書いていました。新たな決意を自分の言葉にまとめたところに成長を感じています」

「今日は、授業中に2回手をあげて発表することができました。国語科の授業に積極的に取り組むという課題に向けて、がんばろうという気持ちが見えます」

連絡帳でのやりとりには、**事象を正確に伝えて、記録が残るというよさ**があります。また、子どもの目にも触れるので、**間接的に本人への称賛にもなります。**そのよさを生かすためにも、国語科の授業における子ども個人の課題をとらえておき、保護者と共有しておくことが必要になります。

さらに、基準をつくっておくことで、伸びが見えるようにしましょう。以前に連絡帳に書いた内容とつなげることで、成長を具体的に保護者に伝えることができるようになります。

学級経営に生きる授業づくりのポイント

保護者へ伝える機会を多くすることで、着実な成長の姿を知らせよう。

社会科の宿題を家族で楽しんでもらう

毎日の宿題というと、国語科の音読や算数の計算ドリルなどが頭に浮かぶと思います。社会科の宿題に毎日取り組むことは少ないでしょう。

しかし、社会科には覚えるべき用語がたくさんあり、高学年になるほどその数は増え難しい用語も出てきます。そこで、少しずつ音読や書き込みを、毎日の宿題で取り組むようにしてみました。社会科は身の回りの生活にかかわることが多いため、家族を巻き込んで楽しく進めることができるという利点もあります。

「四十七都道府県語呂合わせ」の音読を家族で楽しんでもらう

4年生の音読の宿題を紹介します。「四十七都道府県語呂合わせ」です。各都道府県の自然や産業、名物などを語呂合わせにしてつくったものです。**1日1県でもよいので、音読カードを活用して毎日続けることが大切**です。ほとんどの子が1学期間でほぼ覚えてし

社会

まいます。リズムとテンポをつけながら家族みんなで読む時間を確保します。声を合わせると楽しさが倍増します。本校では、朝のモジュールタイムの中に取り入れて、学級の活気ある雰囲気づくりに役立てています。

都道府県北から順に語呂合わせ①

・さけます　じゃがいも　北海道
　北見に　石狩　日高も走る
　　釧路湿原　タンチョウヅル

・りんごと　ねぶたで　青森県
　下北　津軽が　陸奥湾　囲み
　　青函トンネル　一直線

・南部鉄器は　岩手の特産
　三陸海岸　リアス式
　　やませが吹いたら　冷害だ

都道府県北から順に語呂合わせ④

・こんにゃくいもなら　群馬県
　嬬恋村では　高原レタス
　　高崎ダルマで　めでたく当選

・お雛様なら　埼玉県
　皐月の空には　こいのぼり
　　狭山丘陵　茶の産地

・千葉県　ディズニー　落花生
　東京湾岸　人口過密
　　アクアラインで　神奈川へ

都道府県北から順に語呂合わせ⑭

・博多人形　福岡県
　かつては　八幡の製鉄所
　　博多どんたく　たんすも有名

・佐賀県　伊万里に　ムツゴロウ
　干拓広がる　筑紫平野
　　クリーク通って　有明へ

・壱岐も　対馬も　五つの島も
　合わせて６００　長崎県
　　佐世保の港に　造船所

２学期以降は、子どもたちがつくってきた「都道府県語呂合わせ」を音読に入れると宿題に意欲が増します。子ども用新聞を読んでいるＤさんは、北海道の紹介記事を基に語呂合わせを考えてきました。

「面積日本一北海道　知床ユネスコ自然遺産　行って食べたい石狩鍋」

聞くところによると、家族で議論になった点があるというのです。それは「石狩鍋」です。北海道には三大郷土料理として、「石狩鍋」の他に「ジンギスカン」「ちゃんちゃん焼き」があります。なるほど意見が分かれるはずです。家族を巻き込みながらの「都道府県語呂合わせ」づくりは、他の子どもたちの家庭にも広がっていきました。

社会科の宿題で保護者に学習内容を周知する

5年生の宿題を紹介します。5年生では地理的な用語がたくさん出てきます。社会科嫌いが、こういった用語の習得不足から来ていることがあります。

宿題には、社会科用語の書き取り、名称や重要語句の穴埋め問題、社会科用語に関する文章視写などのパターンがあります。次に示す宿題は、第55回目、東日本大震災に関する文章視写の宿題です。**前回の宿題は全文をそのまま掲載していましたが、今回は一部を「?」にしてあります。**

このように、パターンを変えながら毎日宿題に取り組むことで、確かな知識が定着しま

長月20日

社会科用語視写宿題55　5年　組　番(　　　　　)

東日本大震災とは
?　年?月?日午後2時46分に宮城県牡鹿半島の沖130㎞を震源とするマグニチュード?の巨大地震が発生した。この地震により高波10m以上の津波が発生し、東北地方と関東地方の太平洋沿岸部にかいめつ的な被害をもたらした。福島の　?　発電所では大量の放射能もれが発生した。死者・行方不明者は?万8千人を超えた。地震発生直後の避難者は40万人以上にものぼった。

?に言葉や数字を入れて視写しましょう!

東日本大震災とは

す。保護者に学習内容を周知することができるため、家庭で話題になり、関連する新聞記事を親子で読んだりするきっかけにもなります。

東日本大震災に関しては、当時の報道資料を基に話を聞いてくる子どもが多くいました。

学級経営に生きる授業づくりのポイント

社会科の宿題を家庭で話題にしてもらい、授業にフィードバックしよう。

板書写真で子どもの努力や成長を保護者に伝える

算数

子どもの今の学びを残すために

授業後は板書の写真を撮影することにしていて、まわりの先生にもすすめています。撮影する一番の理由は、子どもの今の学びを残すためです。言い換えると、**授業中に見られた子どもの努力や成長を評価するため**です。

学級にYさんという女の子がいました。彼女はおとなしい性格で、積極的に手をあげて自分の考えを伝えることよりも、自分の心とじっくり向き合い、学習したことを丁寧にまとめる学びを得意としている子です。そのようなYさんの学びを認め、彼女の内面の変容をとらえるよう努力していくと同時に、できるだけ彼女の気づき・考え・思いを表現していけるよう見守ってきました。

板書写真で子どもの努力や成長を伝える

保護者面談でYさんのお母さんと話したときのことです。Yさんの授業中の様子を尋ねられました。進んで自分の意見を発表するまではできなくても、集中して取り組んでいるかどうかということが気になっていたようです。

私は、Yさんの学びが伝わるであろう板書写真を提示し、具体的にそのときの授業の様子をお伝えしました。

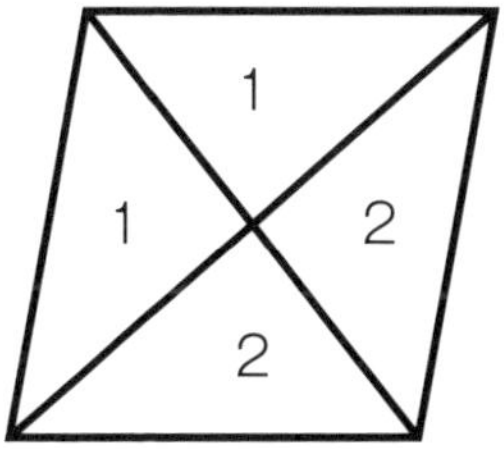

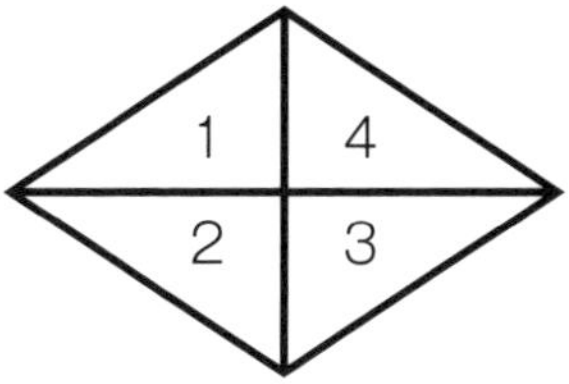

「四角形に対角線を引いてできる四つの三角形について考えましょう」

平行四辺形の場合、等しい三角形が2つずつ2組できます。そのことがわかるように、色を変えて「1（赤）」「2（青）」と書き入れます。一方、ひし形の場合は、等しい直角三角形が4つずつ1組できます。

したがって、1色（赤）で「1」～「4」の数が書き入れられることになります。

では、台形ではどうでしょう。

一般的な台形だと、4つの異なる三角形ができます。ですから違う色で「1」が4つ書き入れられるわけです（上の図では、赤、緑、黒、青）。

ここで、

「何か気になるところがある人？」

と尋ねました。

すると、Yさんが静かに手をあげました。

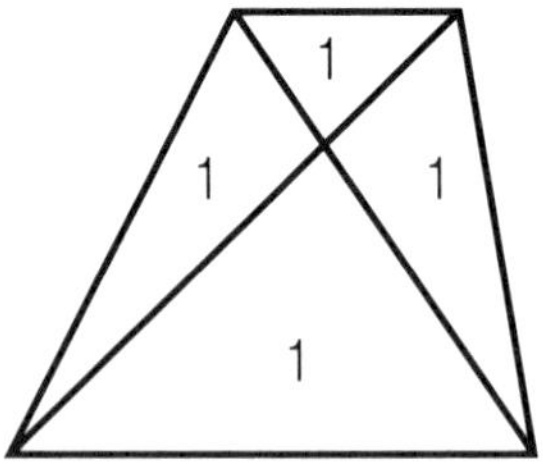

T　どこが気になるの？
Y　これとこの三角形です。
C　わかる、わかる。
T　なるほど。その三角形はどういう関係なの？
Y　大きさは違うけど、形は同じです。

Yさんが説明しているのは、「相似」の関係のことです。いかんせん、合同も未習であるため、先ほどから「等しい」という言葉に置き換えて授業を展開していました。しかし、そのことで、子どもに「等しい」の視点が2つあるということに気づかせるよい機会になりました。私はYさんの説明を板書して称賛し、図のように数を書き入れました。

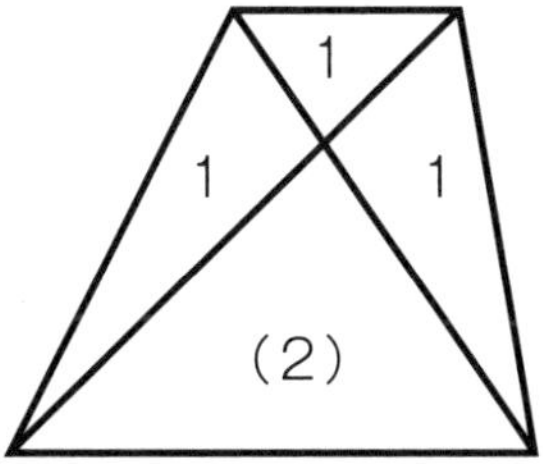

Yさんの母親は「ほぉ、そうでしたか」と笑顔になりました。テストの点数も大切ではありますが、**子どもの授業中の努力や成長を認め、それを学級全体、保護者に伝えていくのも教師の大切な役割**です。

学級経営に生きる授業づくりのポイント

板書写真を基に、伝えたい子どもの努力や成長を具体的にしよう。

学級通信で学校と家庭の双方から子どものよさを認める

学びの姿を可視化する

理科の授業では、実験や観察が中心となるため、子どもたちからすると、授業の活動や内容ばかりが頭に残りがちです。そして、保護者も学んだ内容に意識が向いてしまうため、子どもの授業中の真剣な眼差しや、温かい雰囲気は伝わりにくいという側面があります。ですから、子どもたちにも保護者にも、理科を学んでいる姿のよさを伝えることには価値があるはずです。そこで、学級通信を使い、学びの姿を可視化することで、子どもに自分たちのよさをフィードバックさせていきます。通信に書くことは、**保護者に学びの姿を伝え、家庭から子どものよさを認めてもらうことにもつながります。**

文字言語のよさを生かして価値づける

5年生の振り子の学習をしていたときのことです。振り子が一往復する時間はどの条件によって変わるのかを確かめていると、子どもの発言が次のようにつながっていきました。

T　「振り子の長さ」を変えると、一往復する時間はどう変わったのかな？
C　50㎝のときは、1．4秒。100㎝にすると2．0秒でした。
C　ちょっと待って、何か見えてきた。50㎝伸ばすと0．6秒遅くなるから…
C　私に任せて。ええと、1㎝あたり0．012秒になるよ。
C　本当かな。だったら20㎝伸ばすと0．24秒？　実際に試してみたいな。
C　それだと時間が短すぎて計れないかも。あと5㎝伸ばせば0．3秒になるよ。
C　先生、実験してもいいですか？　みんな、すぐに準備しよう。

自分たちが実験した結果を基に意見をつなげ、次の課題へと意欲的に活動を始めた瞬間です。しかし、子どもたちから見れば自然に意見がつながっただけで、特別なことだとは意識していません。**たとえ教師が学びのよさを称賛したとしても、子どもの心には響かないでしょう。**

そこで、この授業の様子を学級通信に載せ、「お互いの考えを大事にするやさしさと、共に学ぼうとする一体感が育っています」とまとめました。

翌日、その学級通信を配付した際、「これ○○くんのことだよね」「へえ、こんなこと言ってたんだ、いいじゃない」と、笑顔で互いを認め合う子どもたちの姿が見られました。

保護者からのひと言をさらなる原動力へ

翌日の連絡帳に、学級通信の記事に対する保護者の方からの感想が書かれていました。

子どもたちが理科の授業にあんなにいきいきと取り組んでいたとは、今まで知りませんでした。家で話を聞いてみると、その後の実験の様子を楽しそうに話してくれました。このクラスで学べていることに、心から感謝しています。

書かれた保護者の方の許可をいただき、子どもたちに紹介すると、

「そんなにほめてもらえたんだ」
「家でもお母さんが授業のこと聞いてきたよ」
「確かにあの授業おもしろかったもんなぁ」
「クラスのみんながかんばっていたしね」

といった子どもの声が上がります。

その日から、子どもは理科の授業での自分たちの姿を意識するようになりました。友だちの発言の価値をとらえ、どのようにそれを生かしていこうかと考えるようになったのです。それを支えているのは、**もう一度あの授業のような高まりを体験したいという思いと、自分たちの学びへの自信**でした。

このように、理科の授業中に見られた子どもたちのよい姿や内面のすばらしさを、学級通信のように文字に起こして後から客観的に認める機会をつくることも、効果的な方法です。

学級経営に生きる授業づくりのポイント
課題を解決する過程で見られたよい姿は、文字に起こして家庭に伝えよう。

おわりに

「今日の授業は、心の底からおもしろかったなぁ」

そう思いながら終わりのあいさつをするとき、目に映る子どもがいかにかわいいか。あいさつをして休み時間になった瞬間、全身で親愛の情を表現してくる子どもがいかに愛おしいか。この仕事をやっていなければ、きっと味わえなかった喜びです。

思い返すと、そういう授業には必ず子どもと子どもの温かいつながりが見えました。

「そうだよねぇ」「だったらこれは？」「それもいいね」

柔らかい言葉を挟みながら、考えや思いがどんどん積み上がっていくおもしろさがありました。そして、私にも、側面から子どもに寄り添おうとする構えがありました。

逆に、子どもがすうっと波のように引いていくのは、恰好をつけて、板書や発問にこだわったときです。大人の都合で授業をしてしまったと肩を落として終わりのあいさつをすることになります。こういう授業の方が圧倒的に多いため、すっかりなで肩になりました。

さあ今日も、子どもらしい笑顔や真剣な眼差しに出会えるように、昨日より少しでもましな「国語科学級」をつくる努力を続けていきます。

宍戸　寛昌

「M先生に担任代わってほしい」。

今でも忘れられない教師1年目。

3年生を担任していた秋のことです。東京から講師の先生を招き、私の学級で体育の公開授業をしました。体育館から教室に戻ってきた子どもの第一声でした。辛かったですね。それから、子どもをひきつける授業とは何かと突っ走った20代。研究授業で、自分をよく見せようと目の前の子どもを見失いがちだった30代。指導主事や管理職に少し憧れた40代。そして、30回目の担任経験で目の前の子どもがだんだんと観えてきた50代。このような教師道を歩んできた今の私が、「授業で学級をつくるとはどんなことなのか」と、日々の授業を振り返りながら執筆しました。特に第6章には深い思い入れがあります。東日本大震災時に、寒い東北地方で幾人もの命をつないだ「湯たんぽ」。それを届けたTさんの生き方に、子ども一人ひとりと教師が向き合った授業です。

「すごい人だな」「自分も少しは近づきたいな」「一緒にやってみよう」

そんな思いが、学級の子ども一人ひとりと教師をつなぎ「ホッ」となる笑いが教室を包み込む。授業で学級をつくる具体とは、そんな姿なのでしょうね。

柳沼　孝一

夏休みの思い出交流会、多くの子どもが旅行やレジャーのことを話す中、リサは大切にしていた犬が亡くなってしまったことを話しました。静まる教室。私は、学級の子どもたちには「リサさんは、みんなにだから話したのでしょうね」、リサには「悲しかったね。でも、最期にあなたの腕の中にいれてアクア（犬の名）は幸せだったね」と伝えました。

私は、折に触れて飼っている猫の話をします。数年前、動物相談所から譲り受けた茶トラです。猫の話を聴く子どもの目は実にやさしく、澄んでいます。そんな心を大切にしたい。

私が授業で育てたい子どもは、突き詰めて言うとやさしい子どもです。賢さもたくましさも、やさしさが基盤にあってのものであってほしいと思います。ですから、教科の授業では、はぐくみたい資質・能力や本時の目標に迫る姿はもちろんのこと、「友だちの考えを大切にする姿」「思いに寄り添う姿」「素直に謝る姿」「応援する姿」「礼儀正しい姿」「譲り合う姿」なども積極的に認め、全体に広げてきました。その積み重ねが、学級の温かい雰囲気につながっていくのだと思っています。

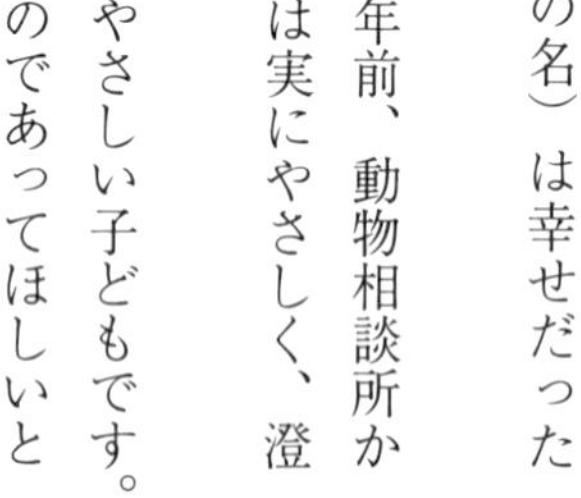

豊かな学力とやさしい心をあわせもった子どもを育てていきたいですね。　髙橋　正英

4年生の「ものの温度と体積」で、フラスコ内部の気体の膨張について実験した後のことです。Yくんがこんな予想をしました。

「フラスコを温めたとき、栓自体が熱くなって『あちち！』って飛んだんだと思うよ」

私は思わず「そんなこと起こるかな？」と否定するような言葉を口にしてしまいました。するとCくんが、

「だったら本当かどうか確かめてみようよ」

と発言したのです。彼の方がよほど理科に対して真摯な姿勢で向き合っています。私は恥ずかしくなりました。

今思えば、Yくんの予想は、彼が知りうる知識をつなぎ合わせて考えたであろう素直な発想でした。それは、私が素敵だなと思う柔軟な子どもの考え方です。ですから、Yくんが発言したとき、「おもしろい考えだね。みんなだったら、どんな実験をして、本当かどうか確かめてみるのかな」と子どもたちにつなげる発言をすべきでした。

「授業で学級をつくる」ことがいつもうまくいっているとは言えません。その中で、子どもたちの優しさやしなやかさ、そして力強さが見えた瞬間を、この本を通してお伝えできたとしたら幸いです。

上野　良

【著者紹介】

宍戸　寛昌（ししど　ひろまさ）
1972年，福島県生まれ。
福島県公立小学校，福島大学附属小学校を経て，現在立命館小学校教諭（国語科）。

柳沼　孝一（やぎぬま　こういち）
1966年，福島県生まれ。
福島県公立小学校，福島大学附属小学校を経て，現在立命館小学校教諭（社会科）。

髙橋　正英（たかはし　まさひで）
1969年，福島県生まれ。
福島県公立小学校，福島大学附属小学校，京都教育大学附属桃山小学校を経て，現在立命館小学校教諭（算数科）。

上野　　良（うえの　りょう）
1970年，兵庫県生まれ。
兵庫県公立小学校を経て，現在立命館小学校教諭（理科）。

授業で育てる学級経営
「深い学び」に誘う教室づくり

2019年2月初版第1刷刊
©著　者　宍戸寛昌・柳沼孝一
　　　　　髙橋正英・上野　良
発行者　藤　原　光　政
発行所　明治図書出版株式会社
http://www.meijitosho.co.jp
(企画)矢口郁雄（校正)大内奈々子
〒114-0023　東京都北区滝野川7-46-1
振替00160-5-151318　電話03(5907)6701
ご注文窓口　電話03(5907)6668

＊検印省略
組版所　株式会社カシヨ

Printed in Japan
ISBN978-4-18-236719-9